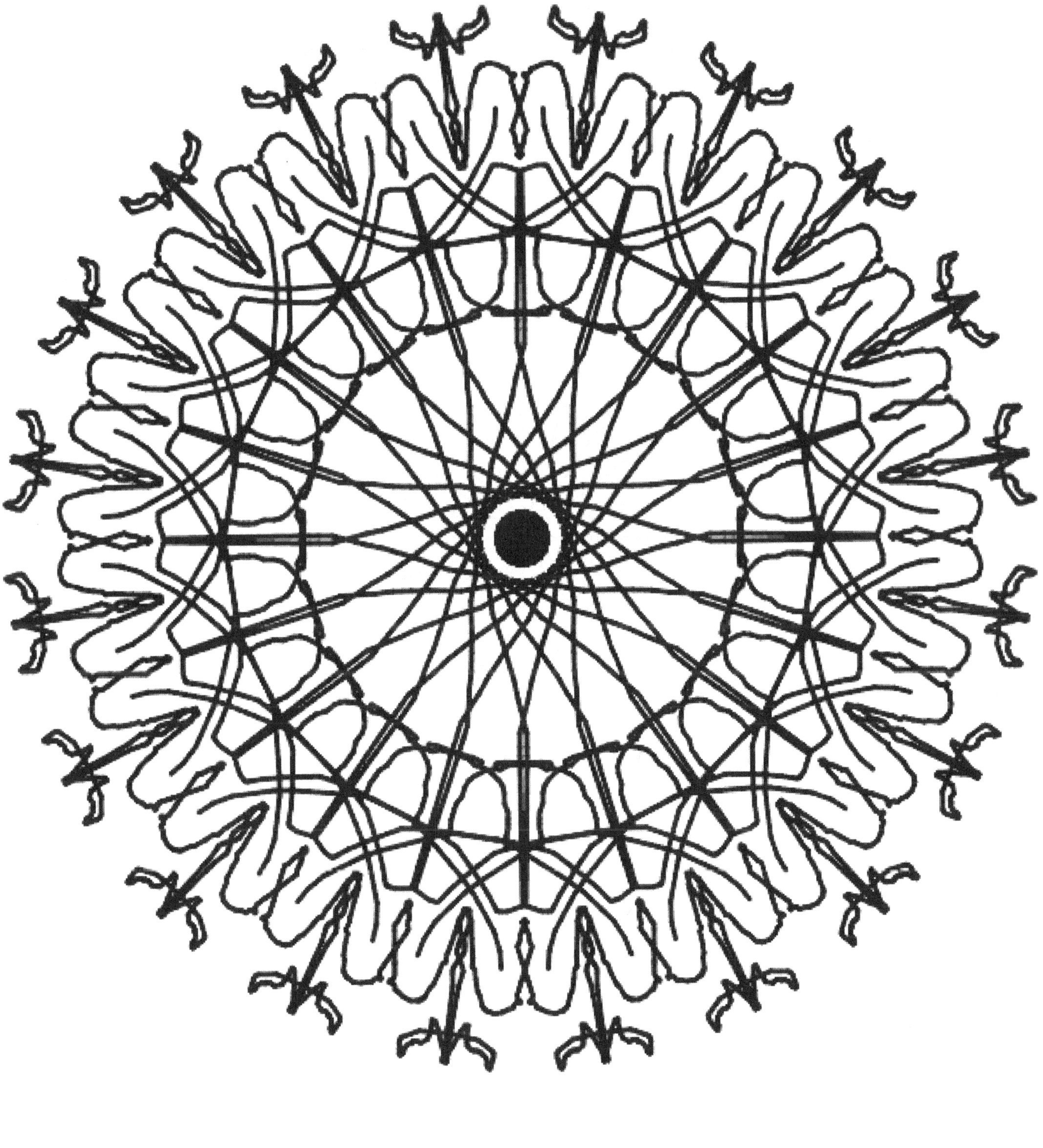

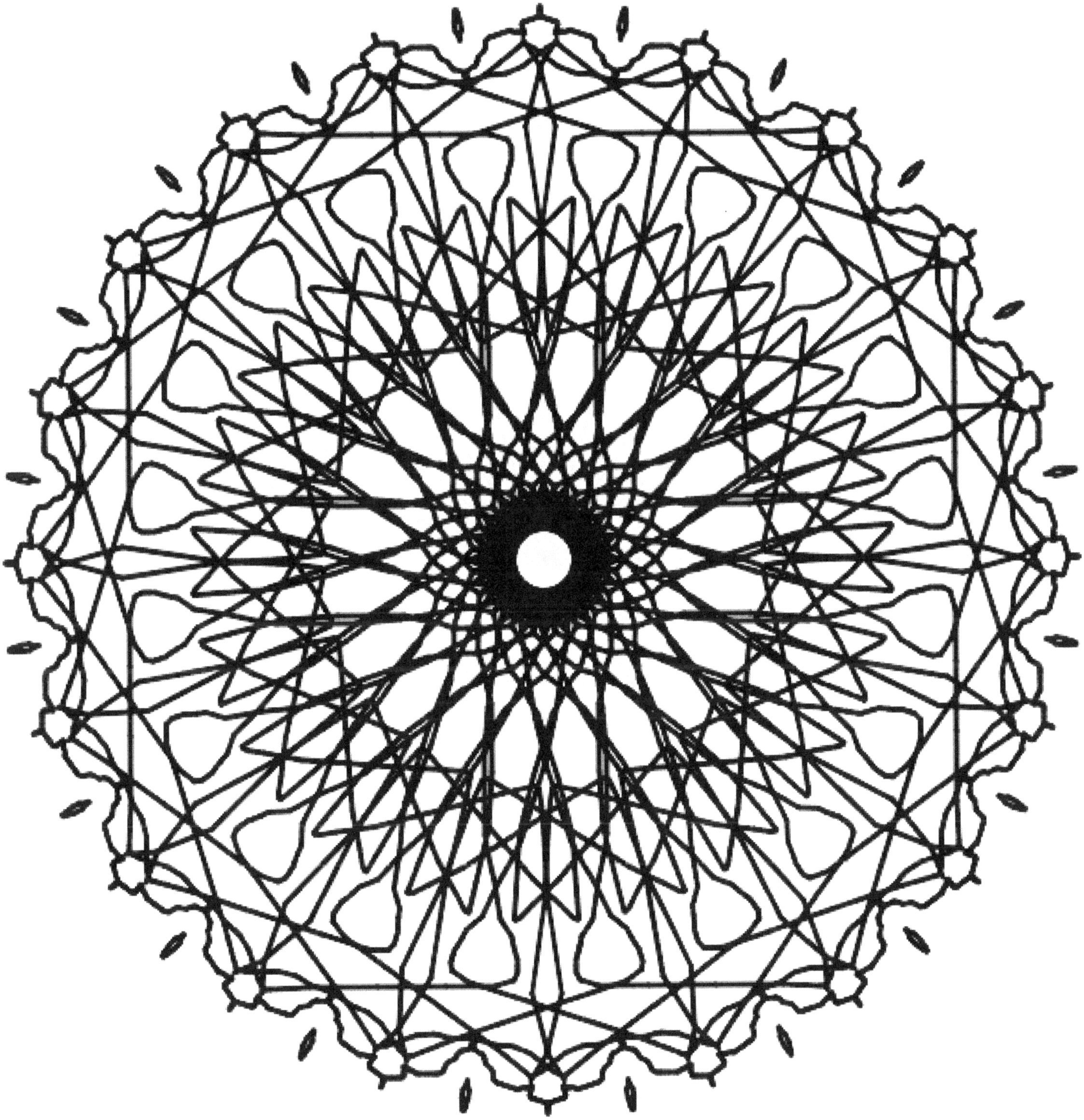

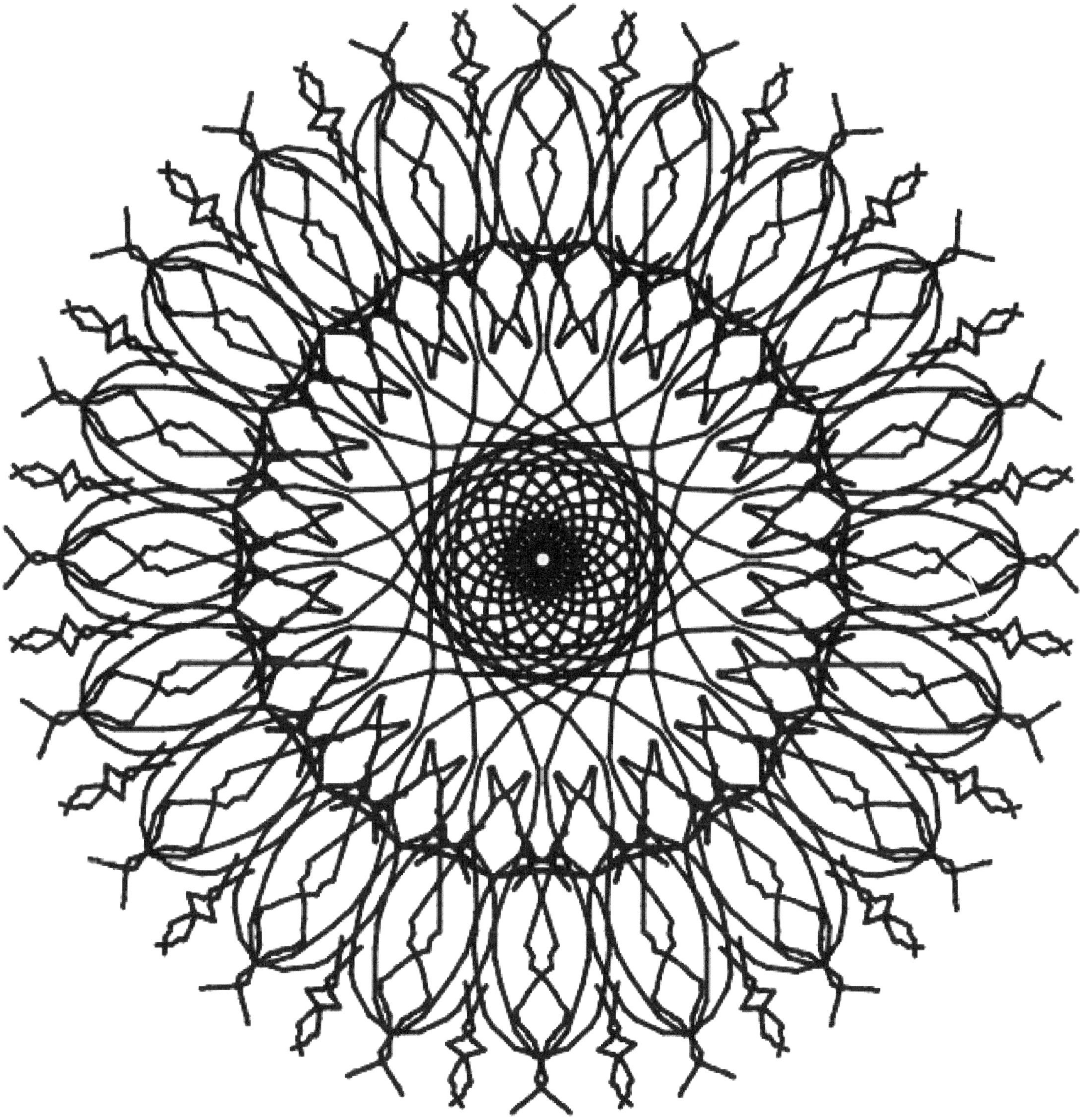

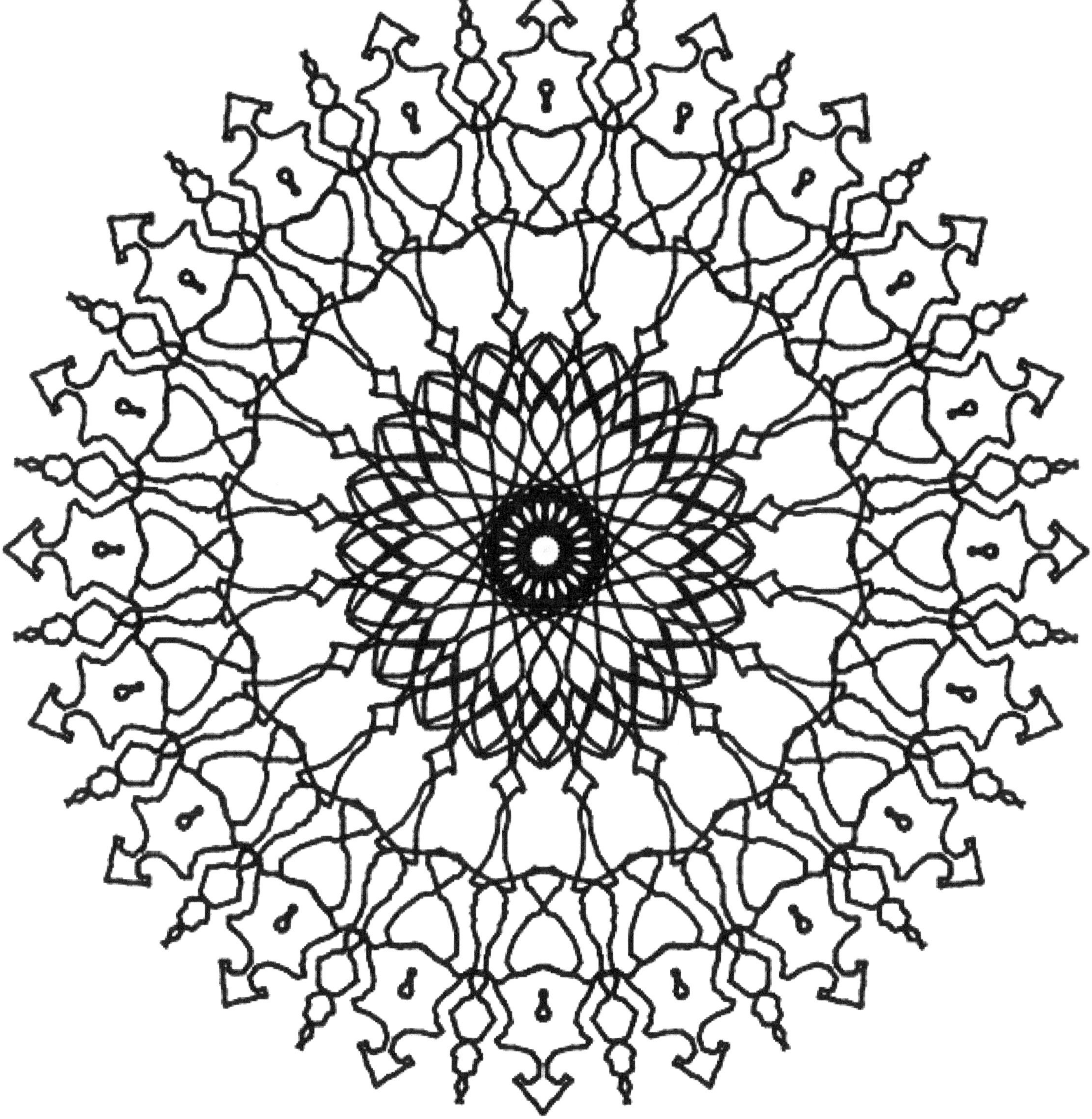

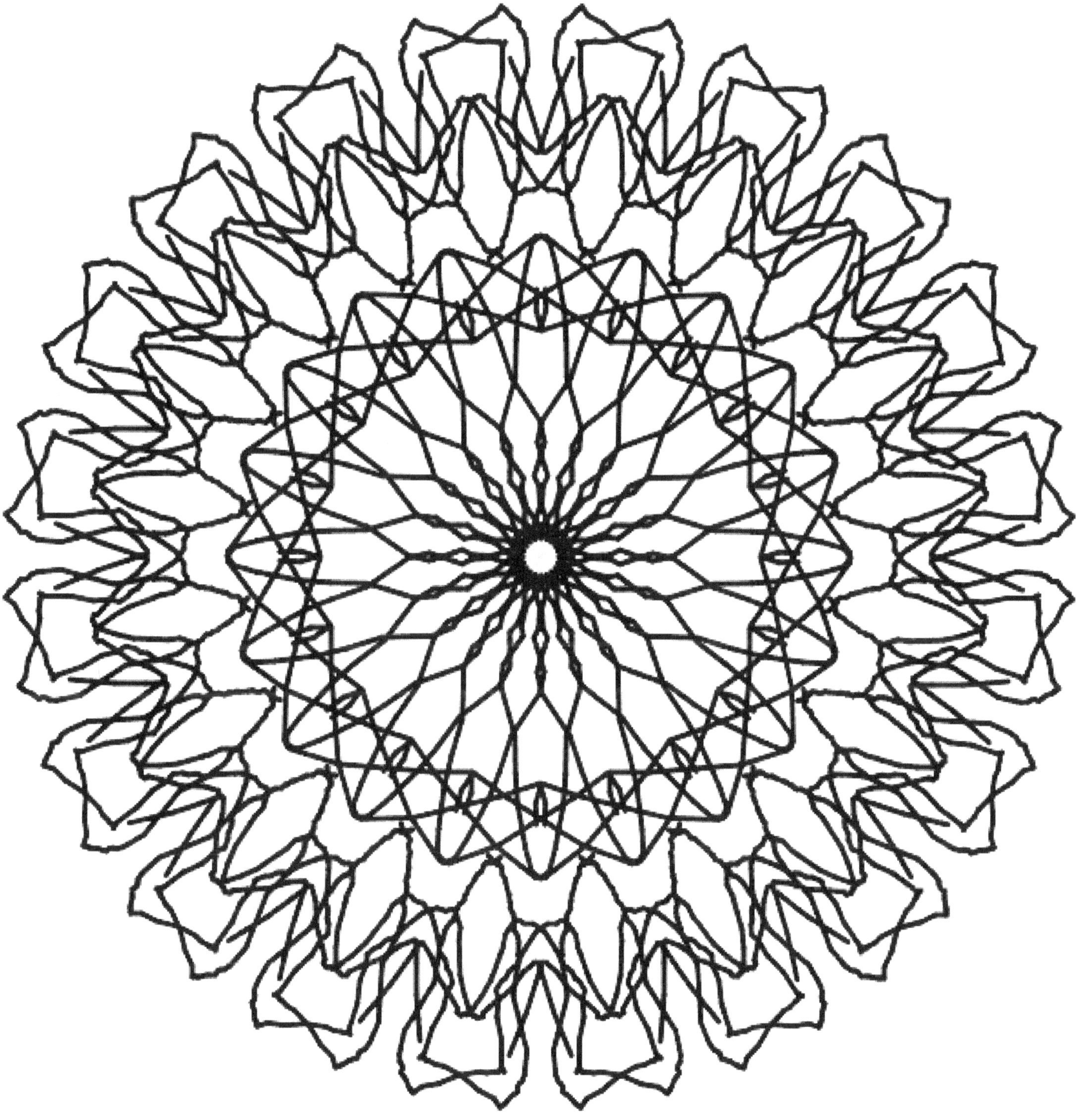

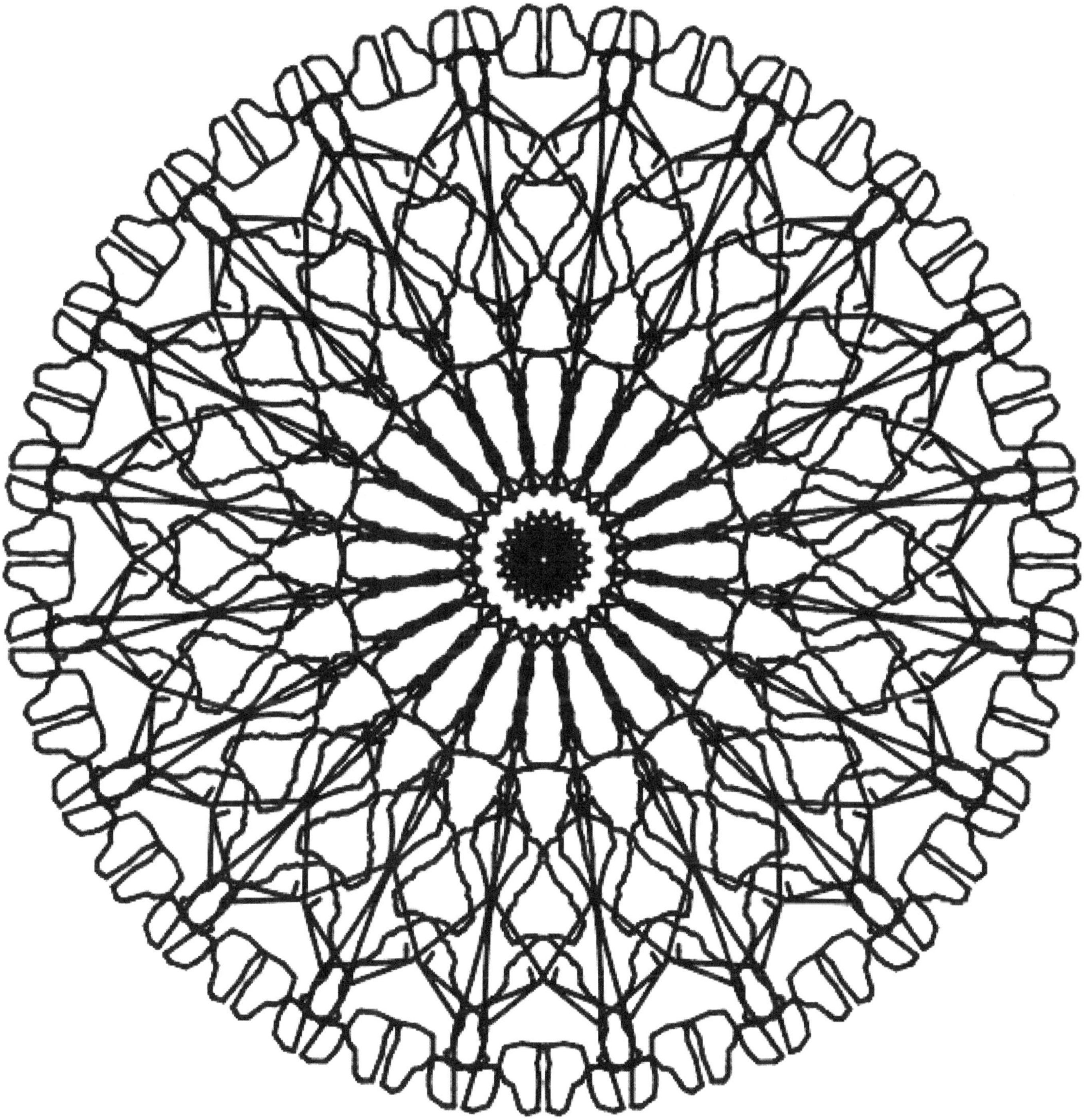

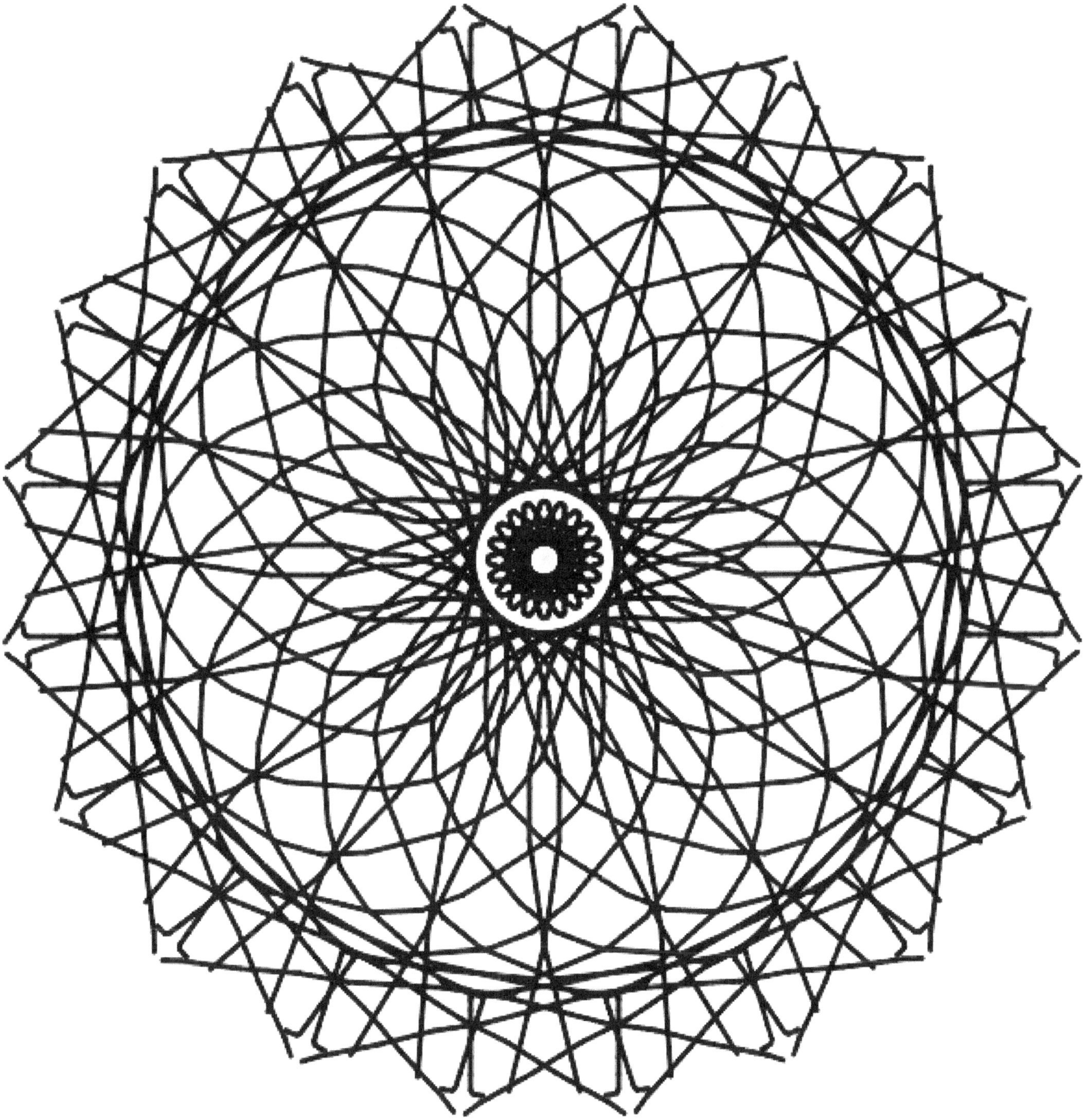

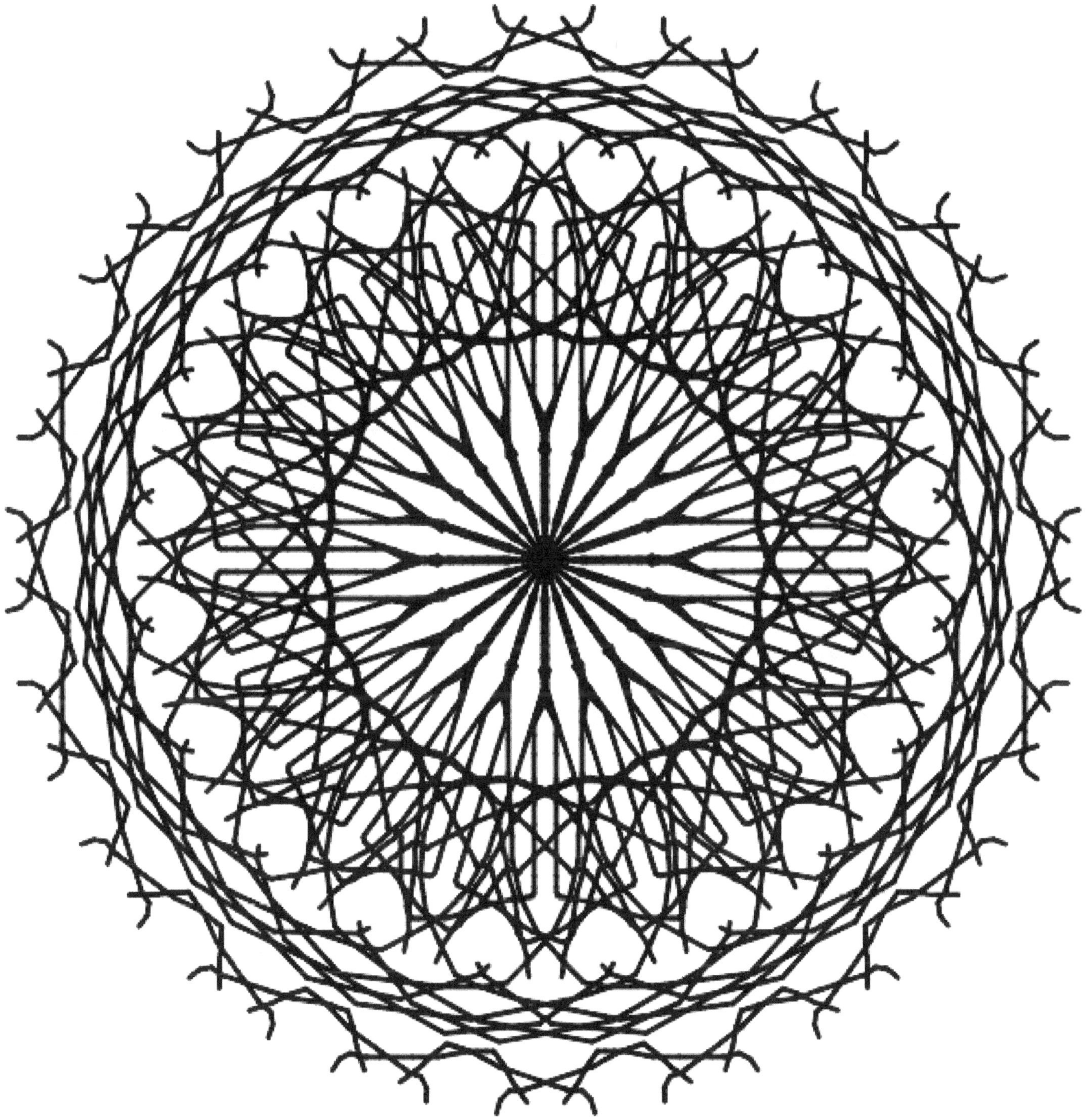

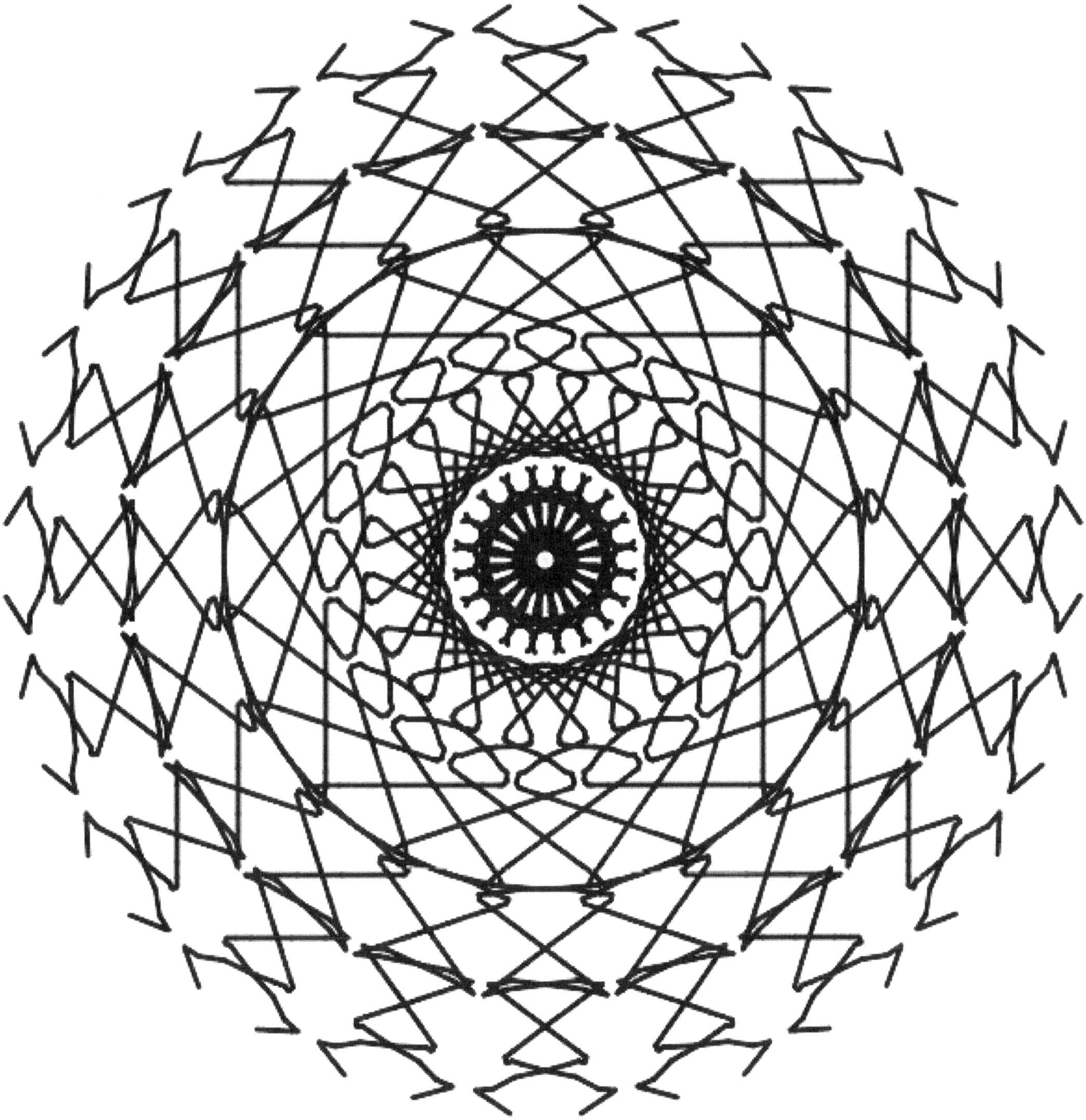

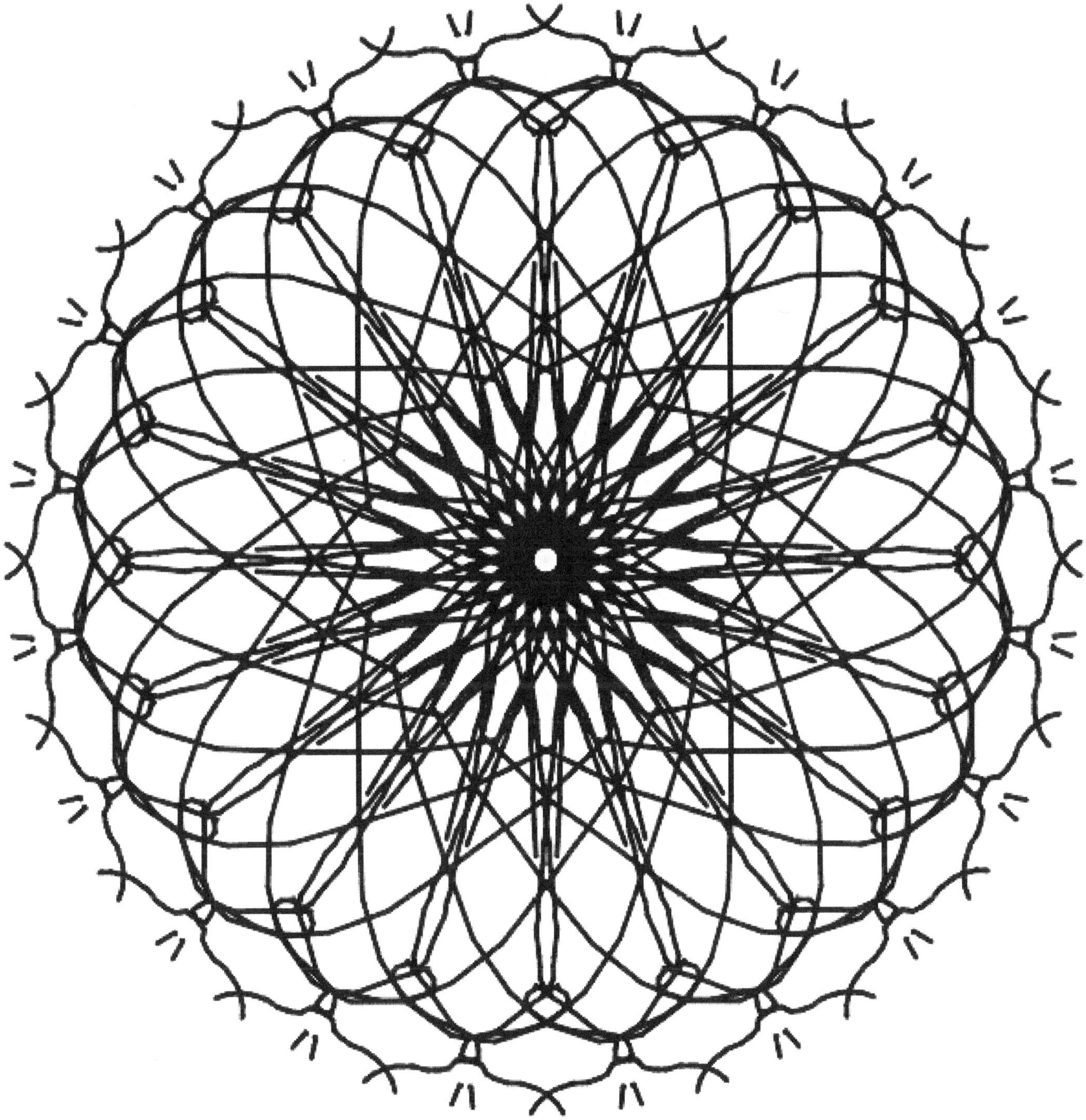

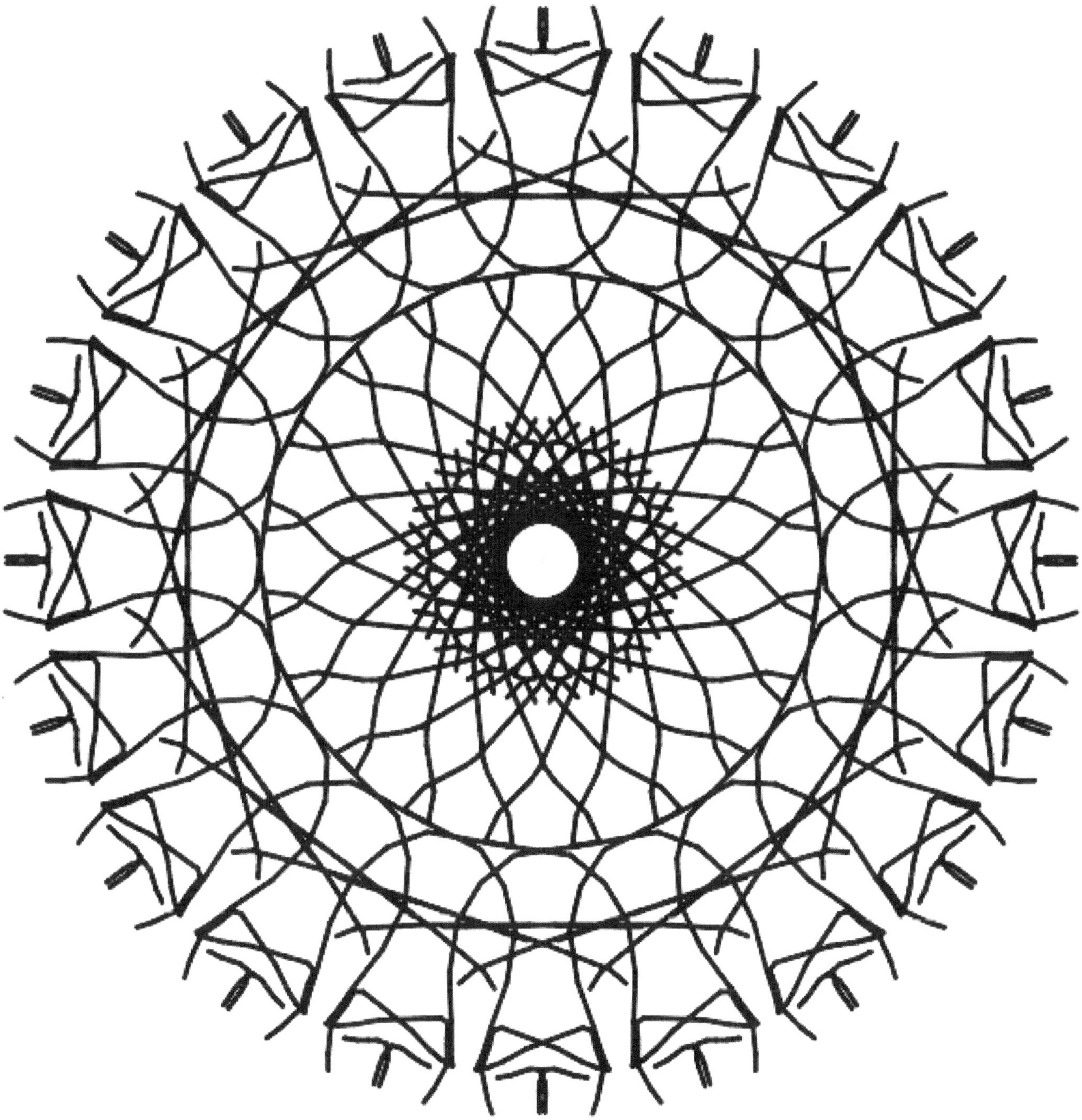

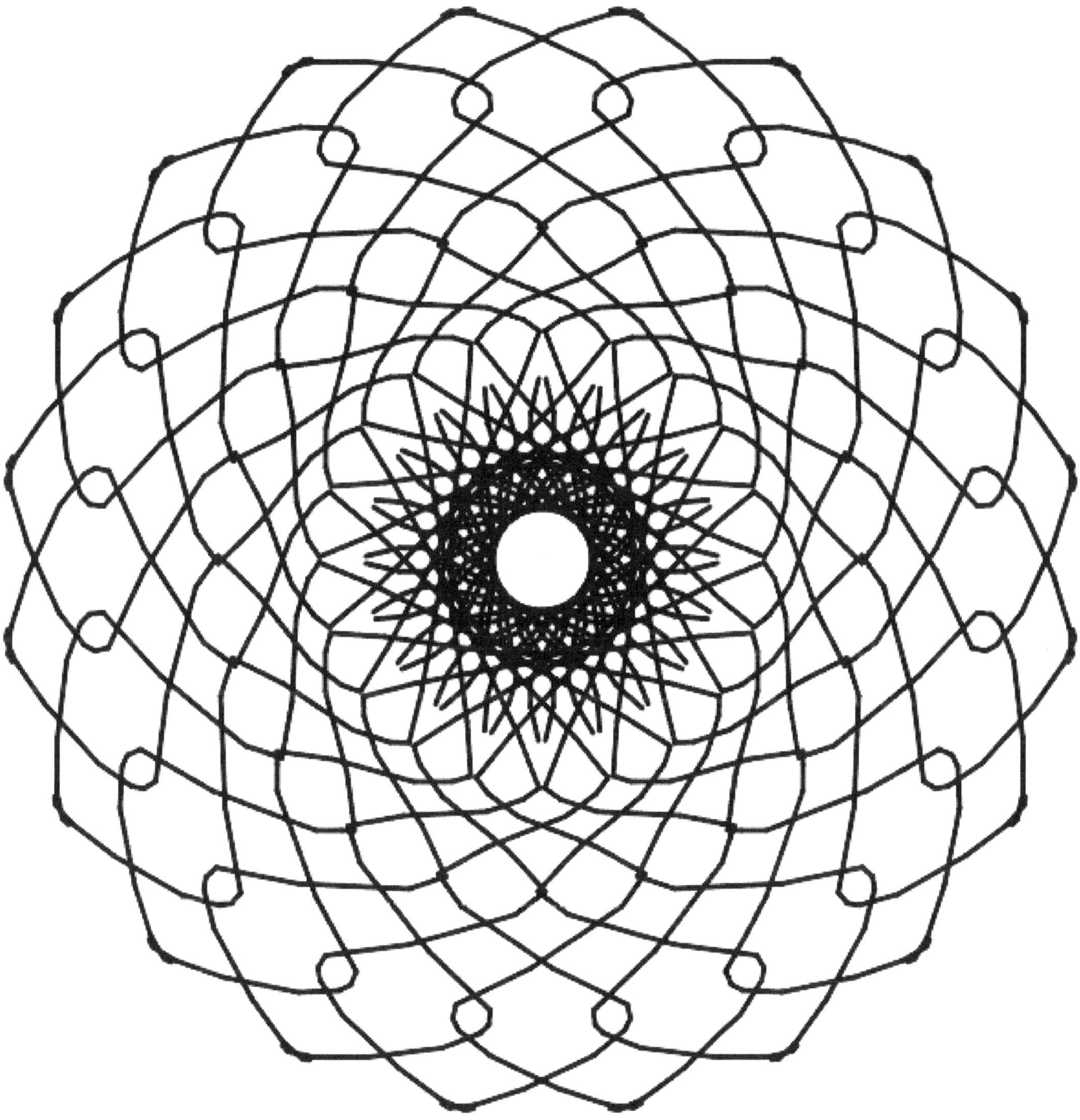

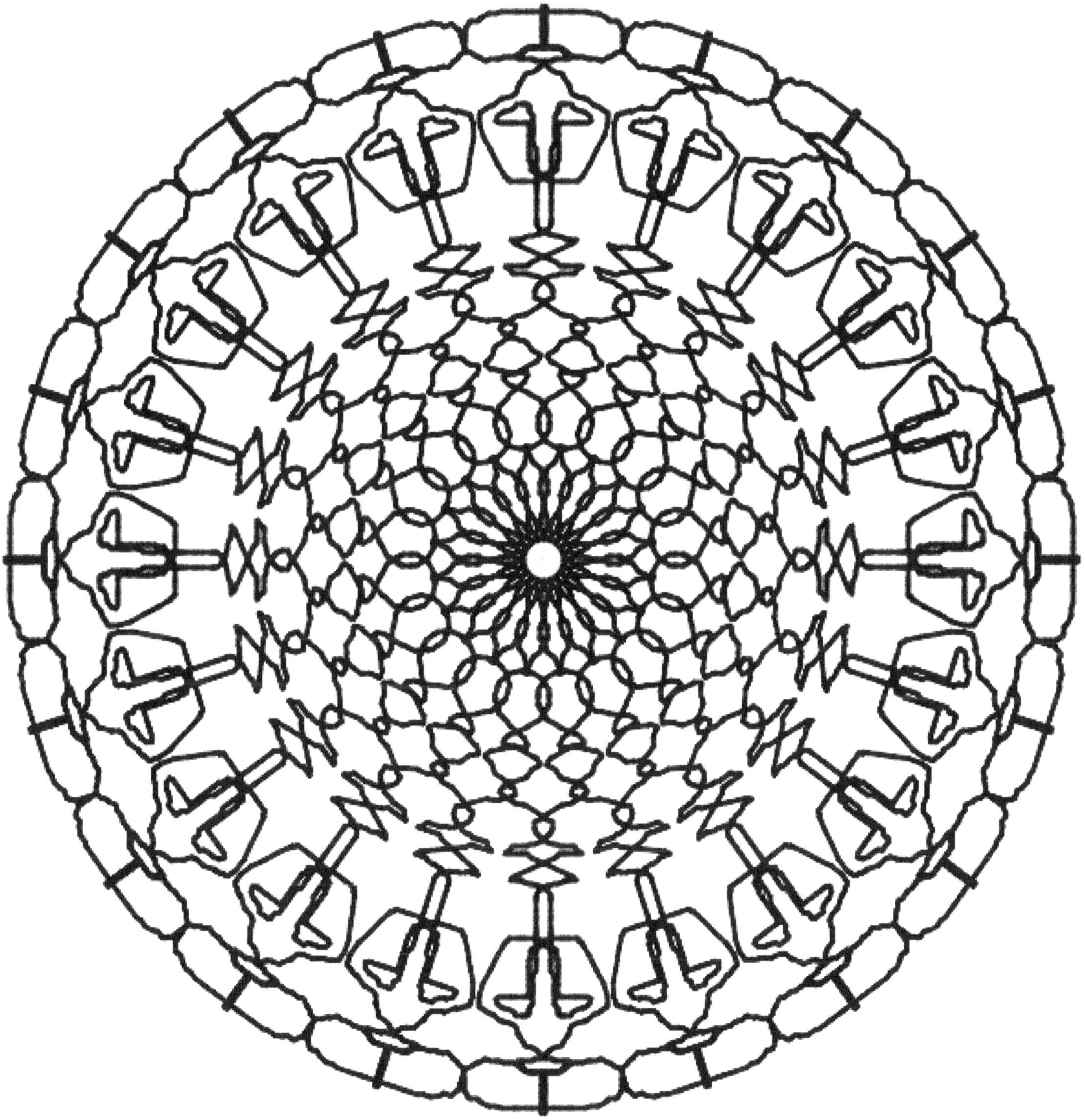

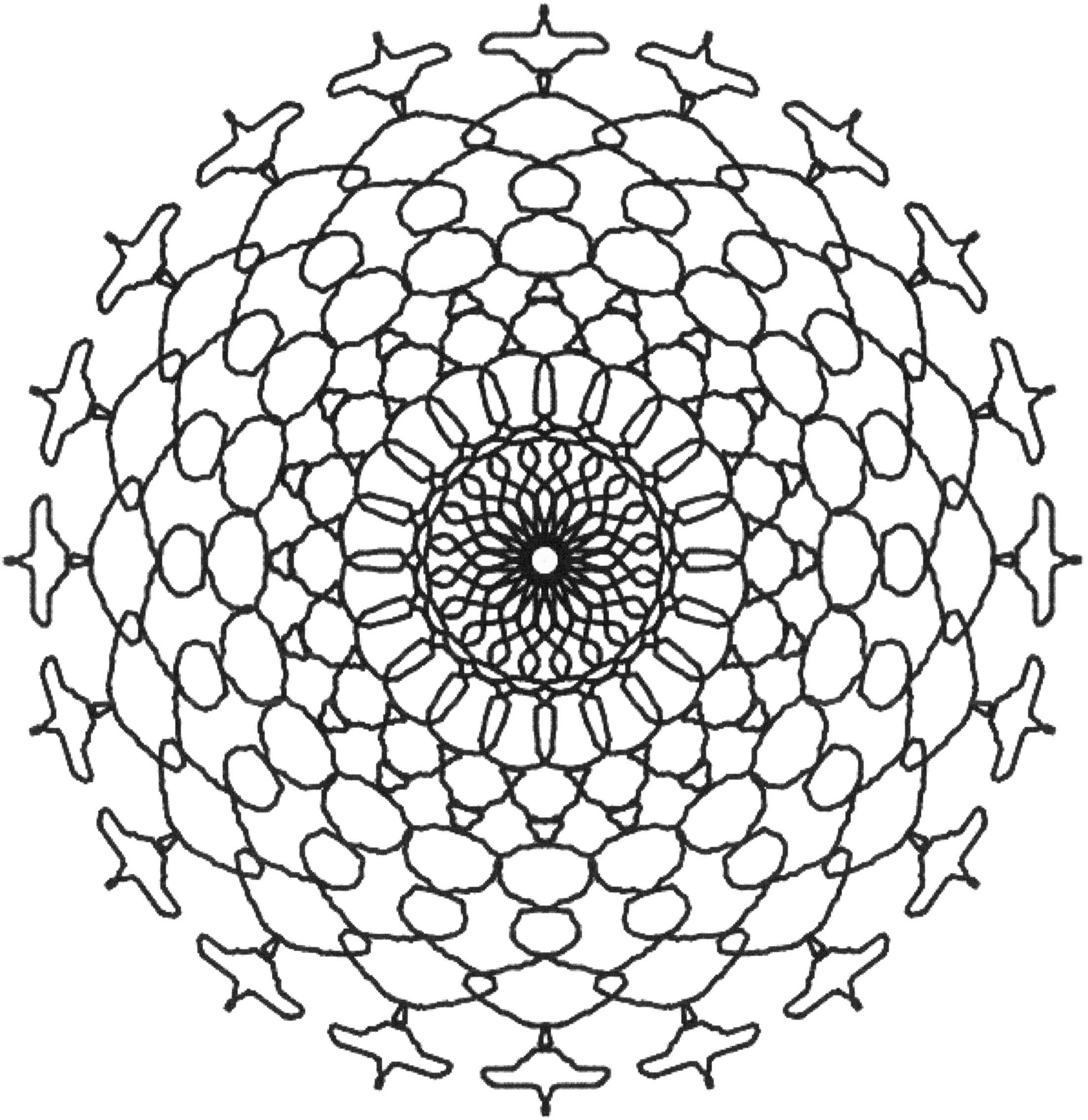

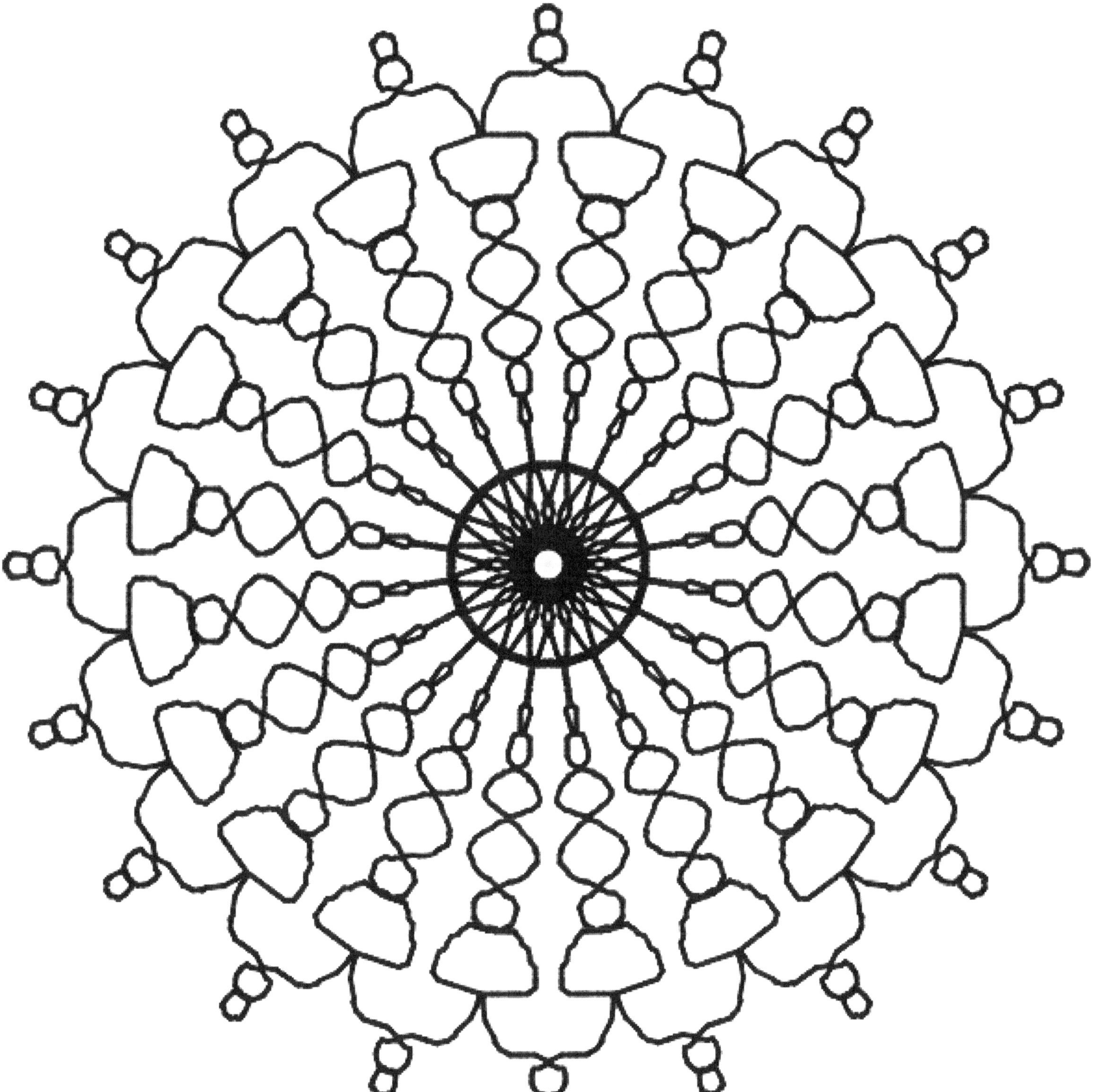

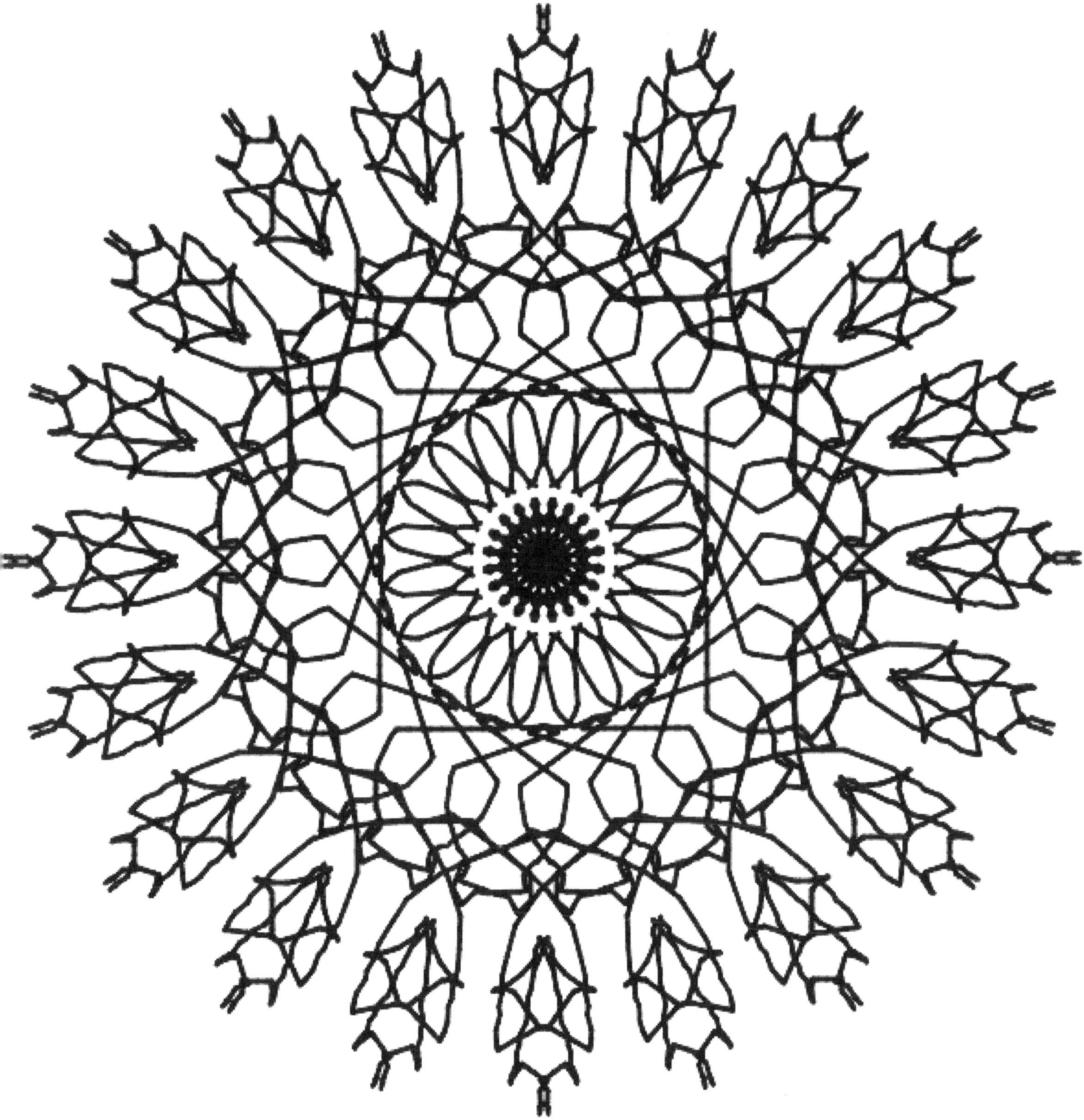

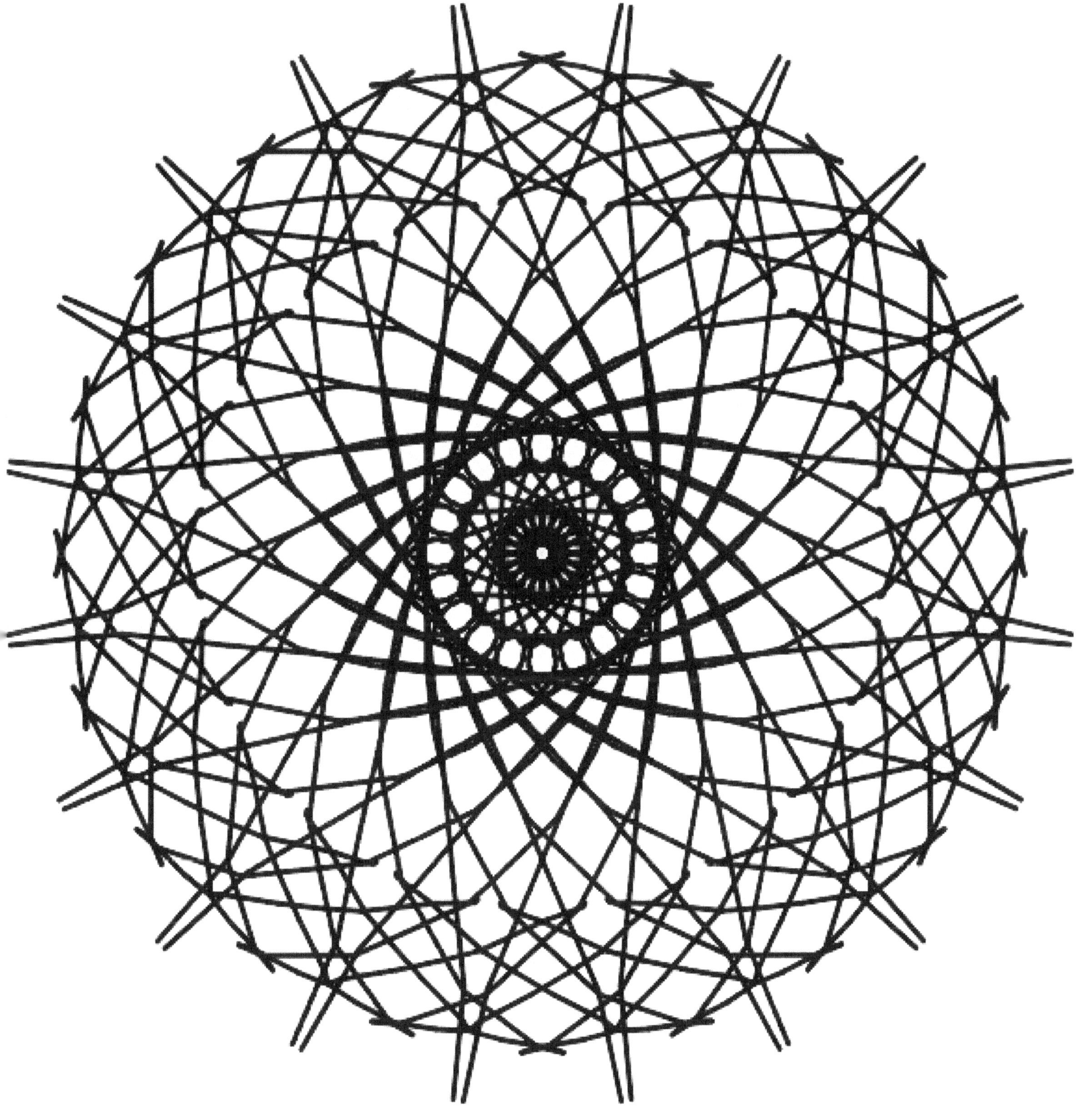

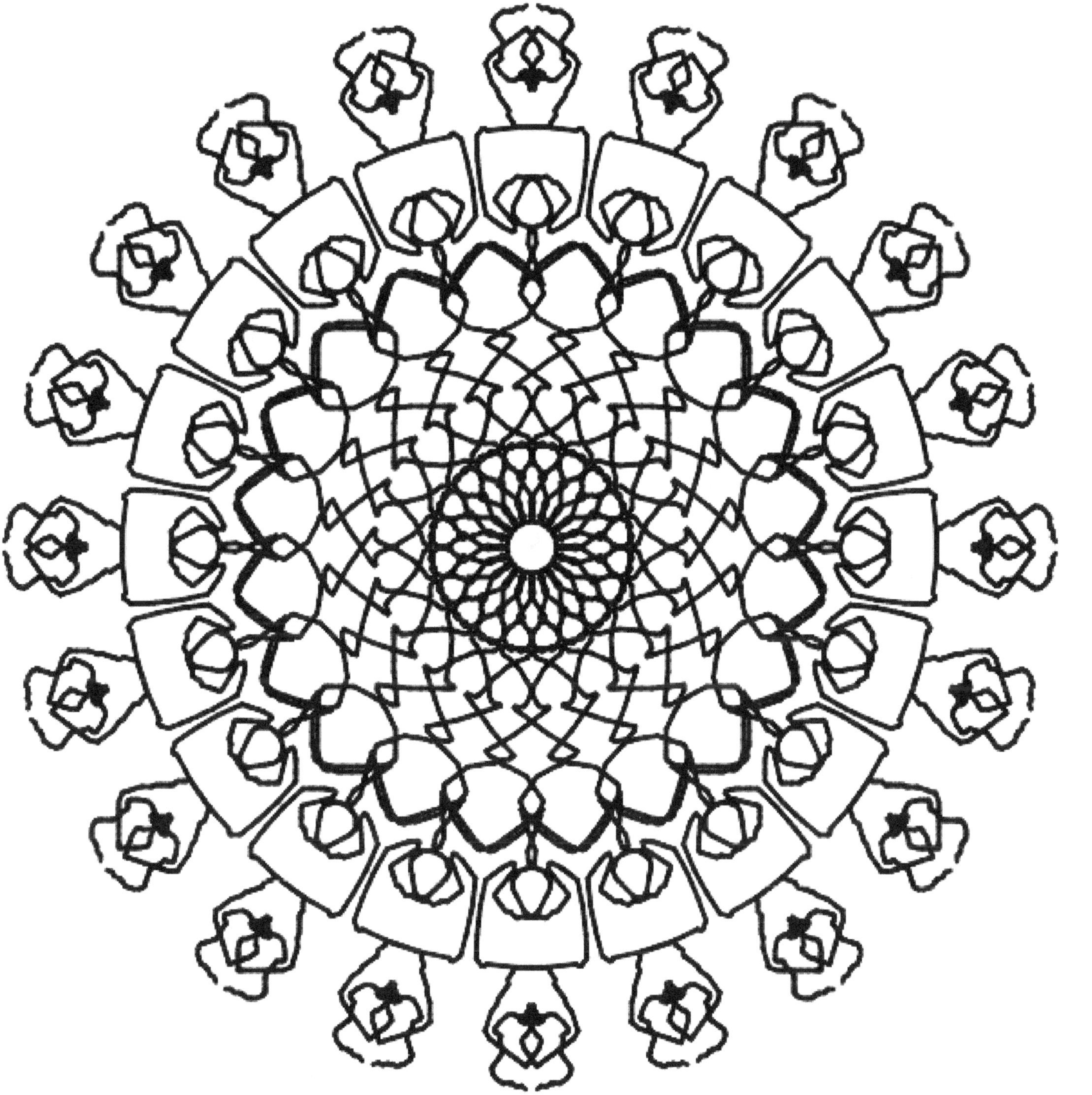

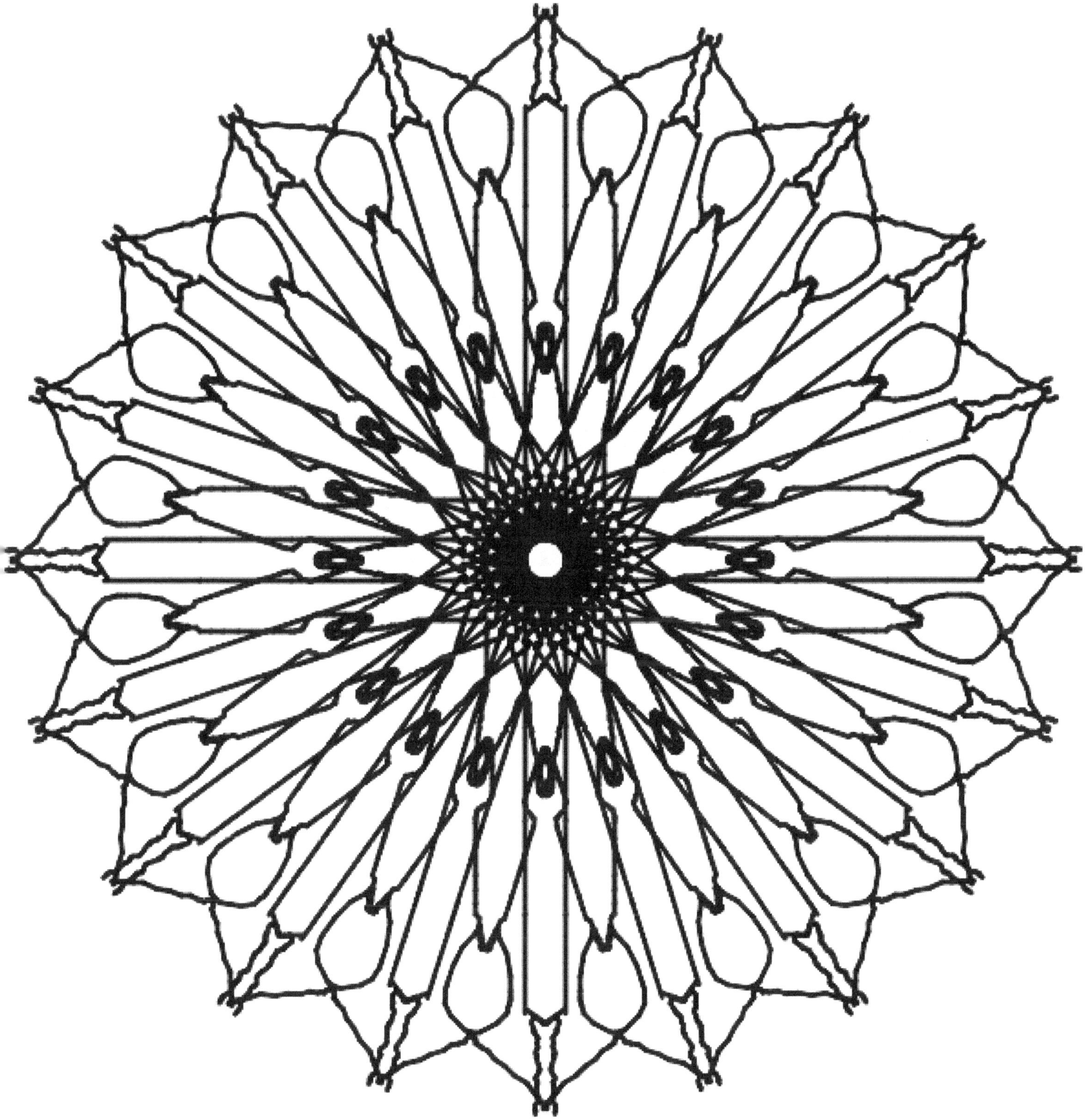

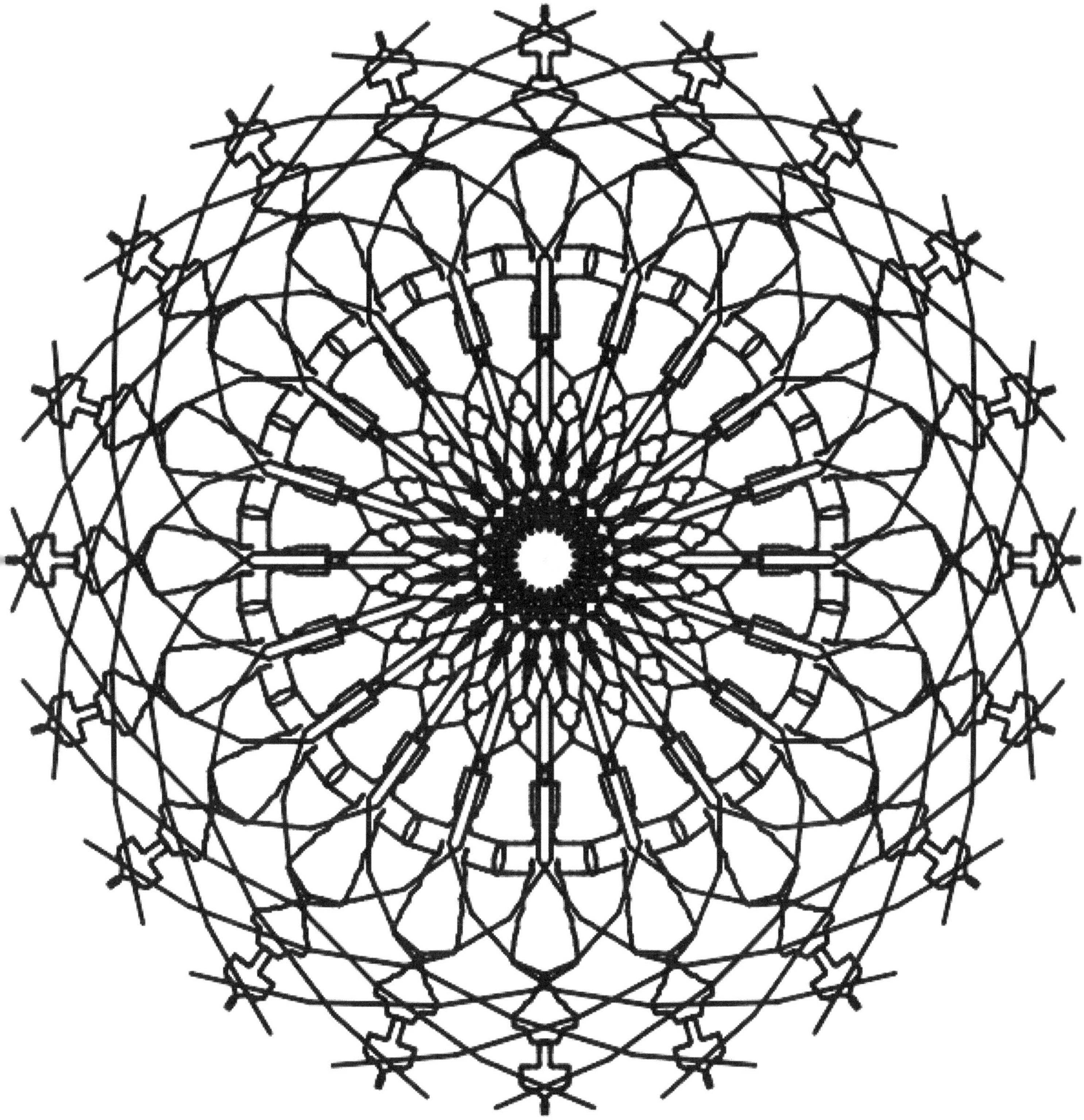

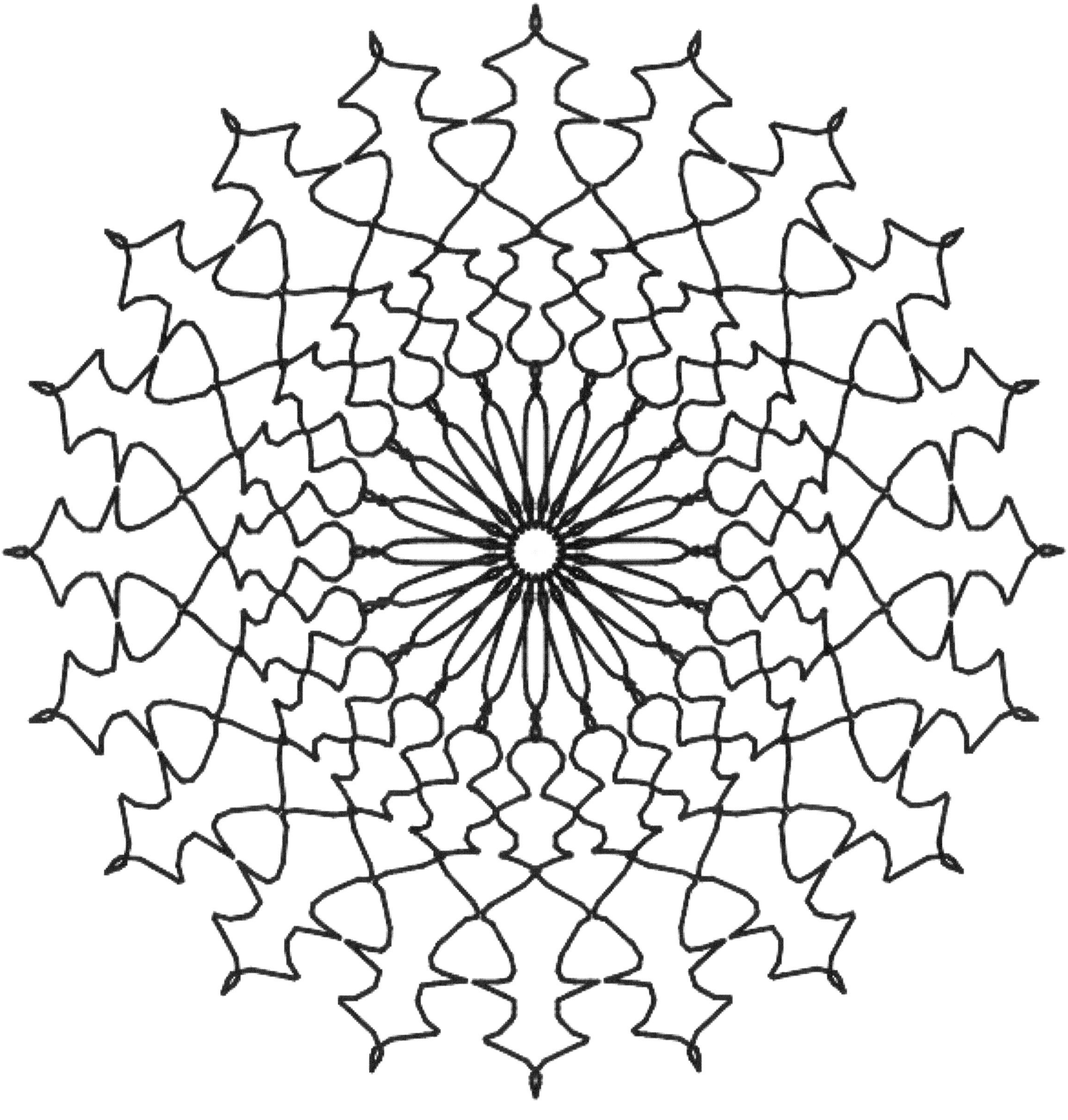

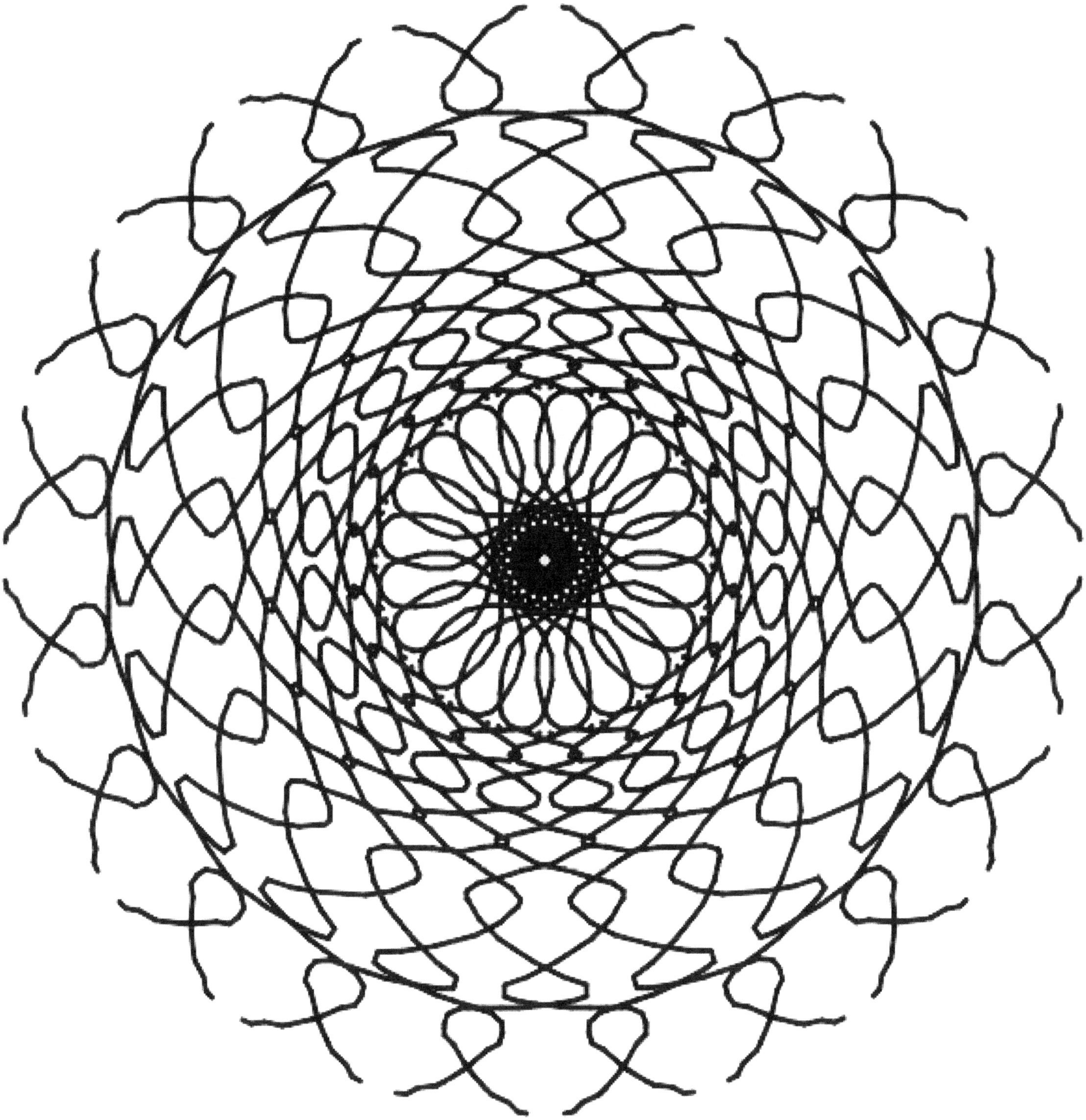

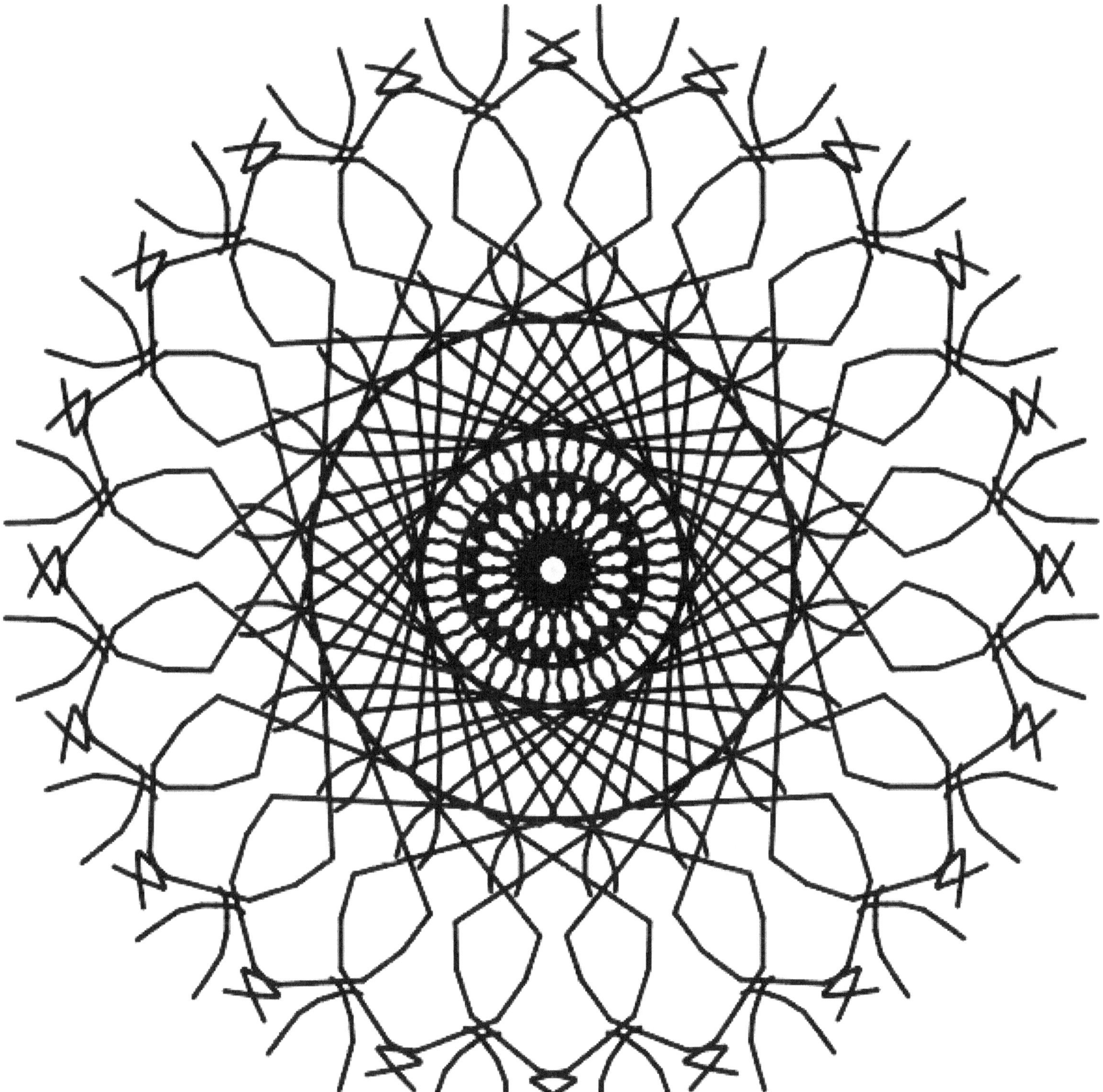

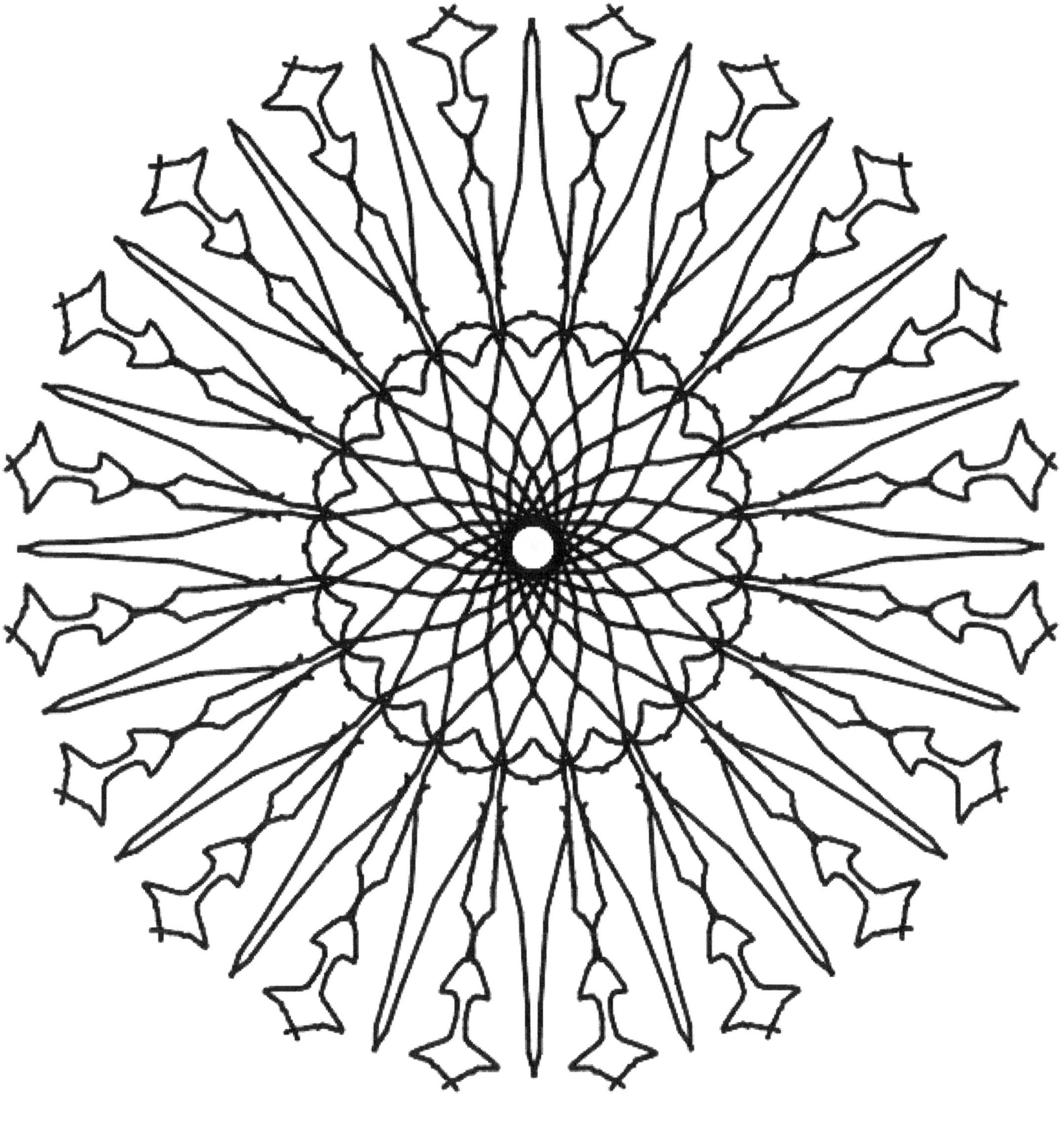

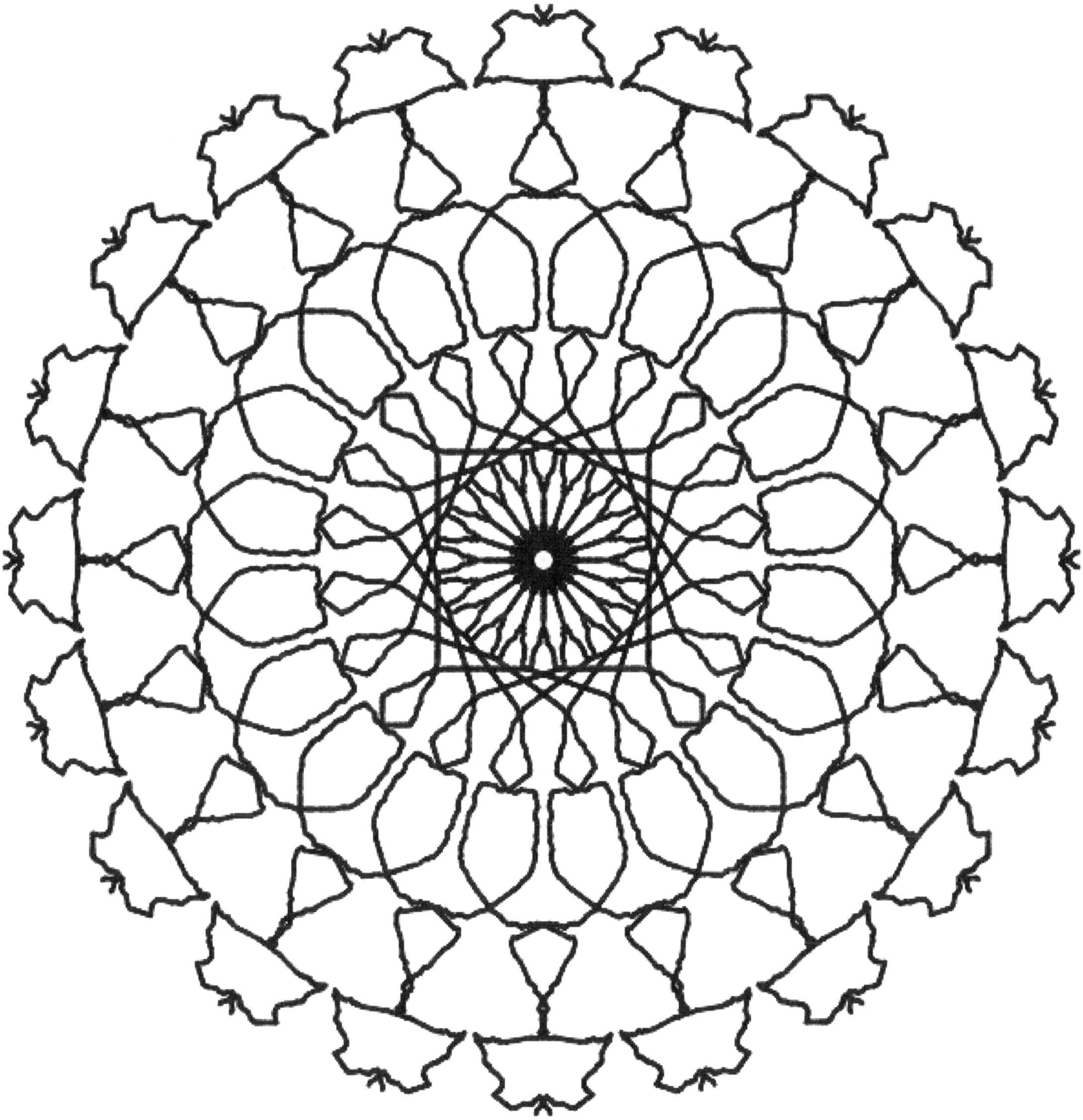

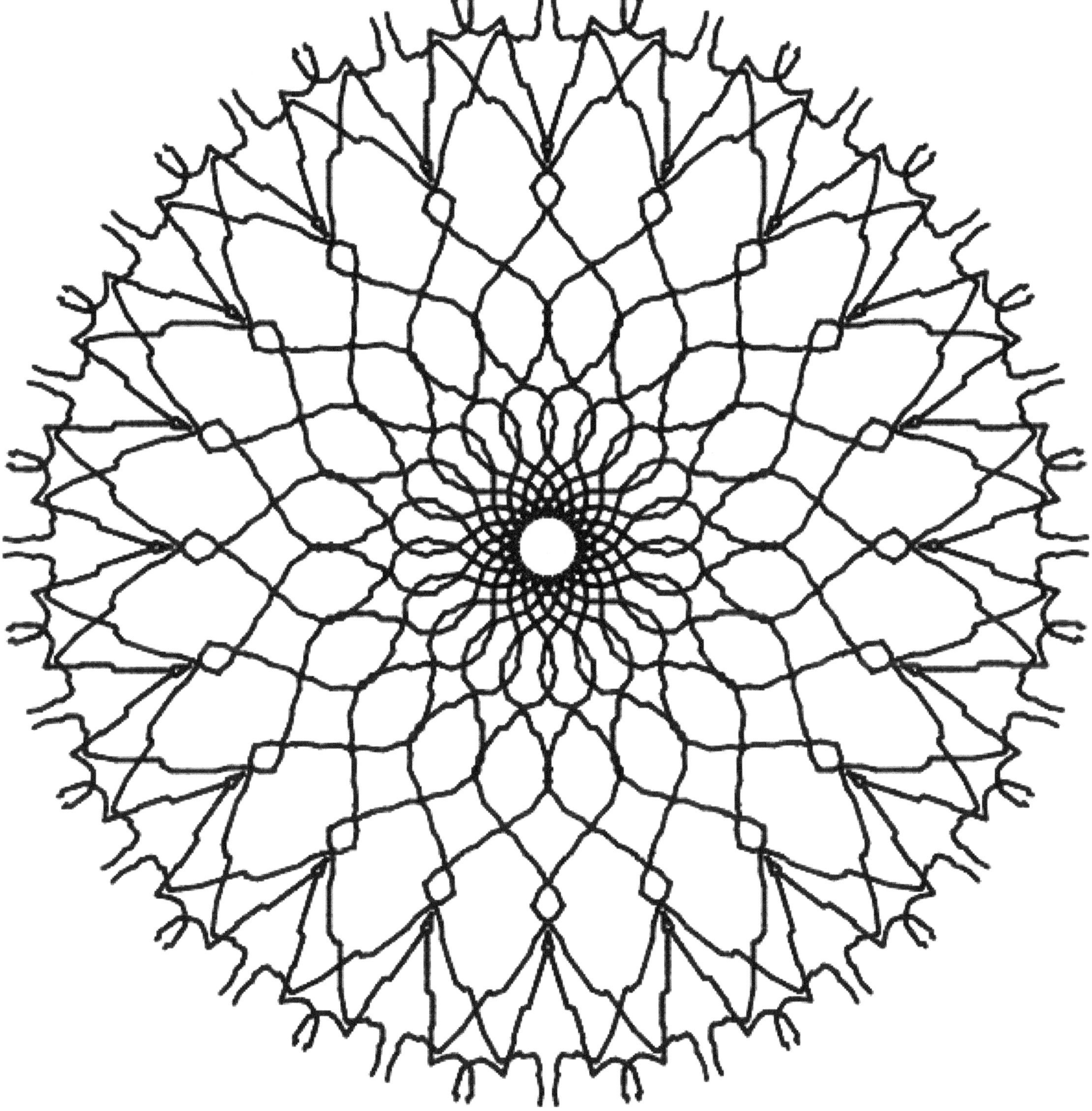

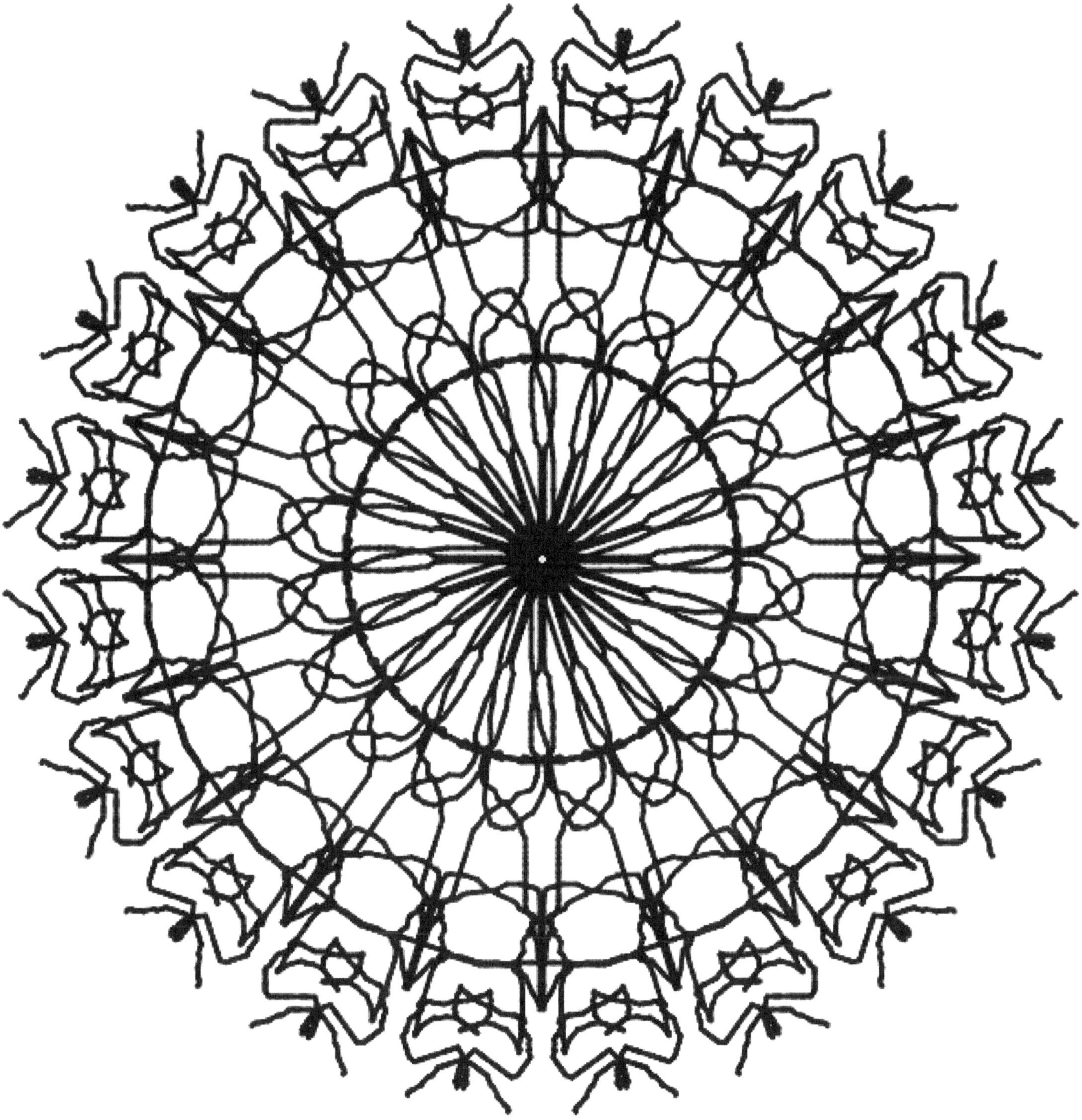

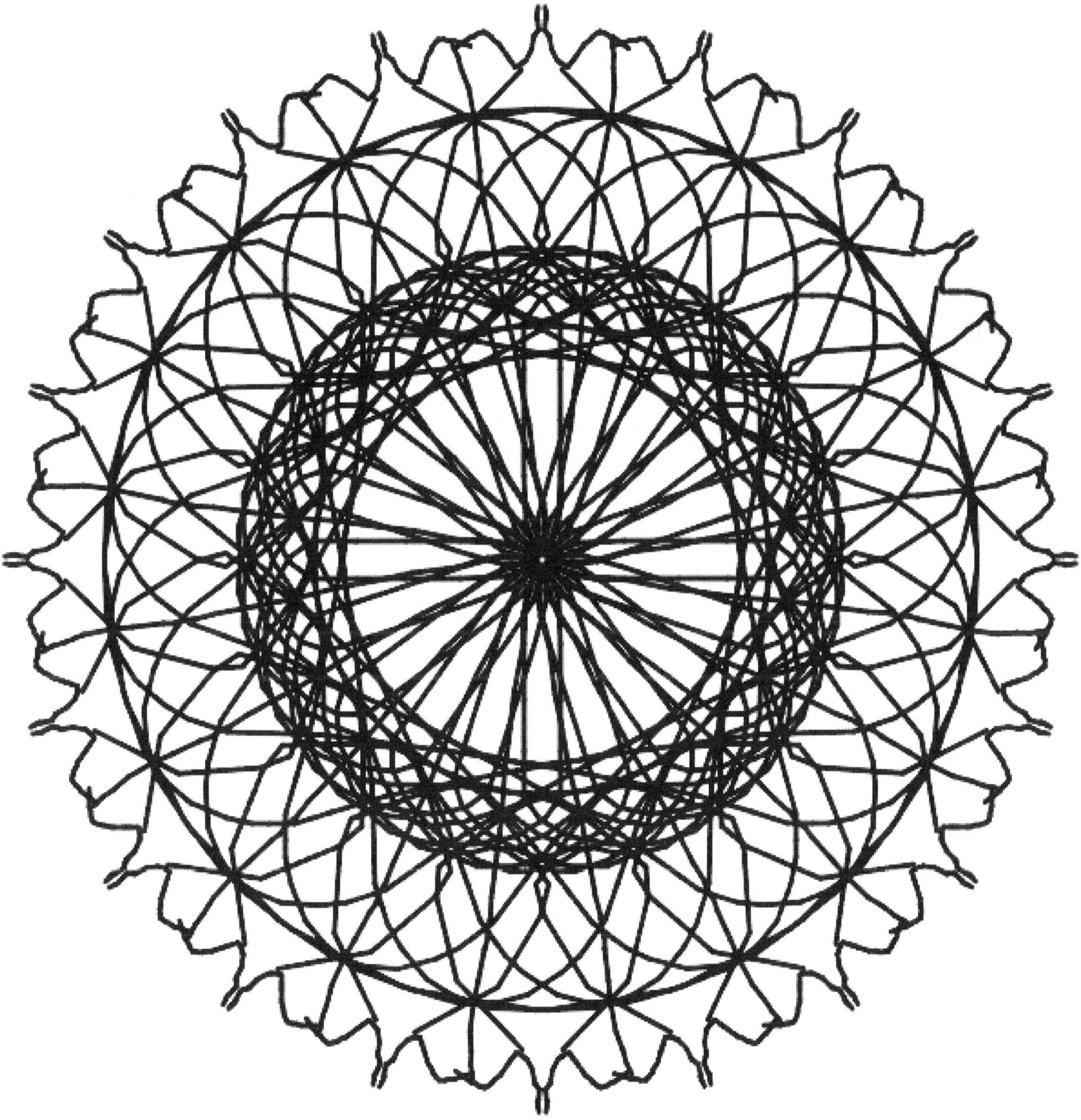

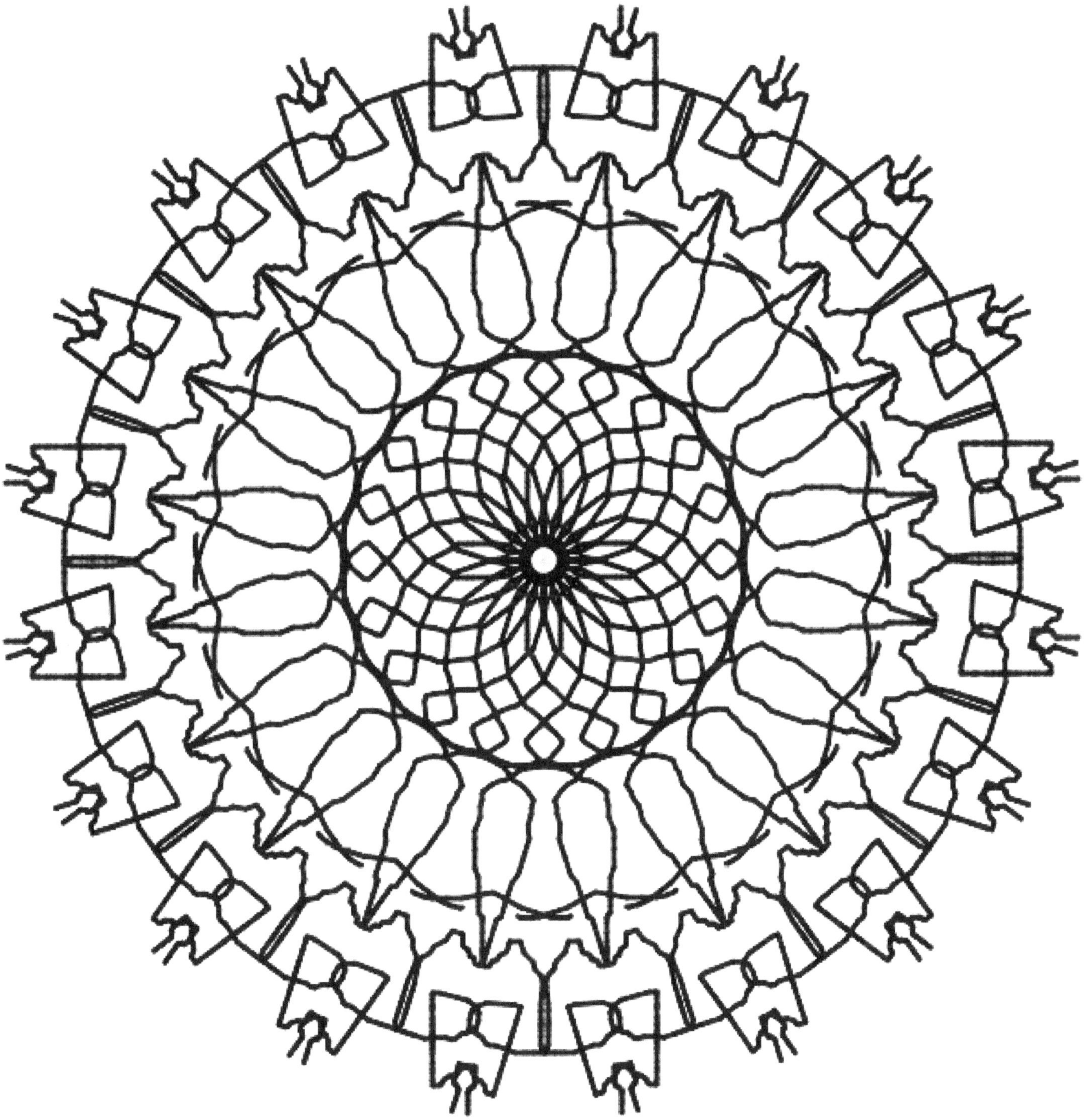

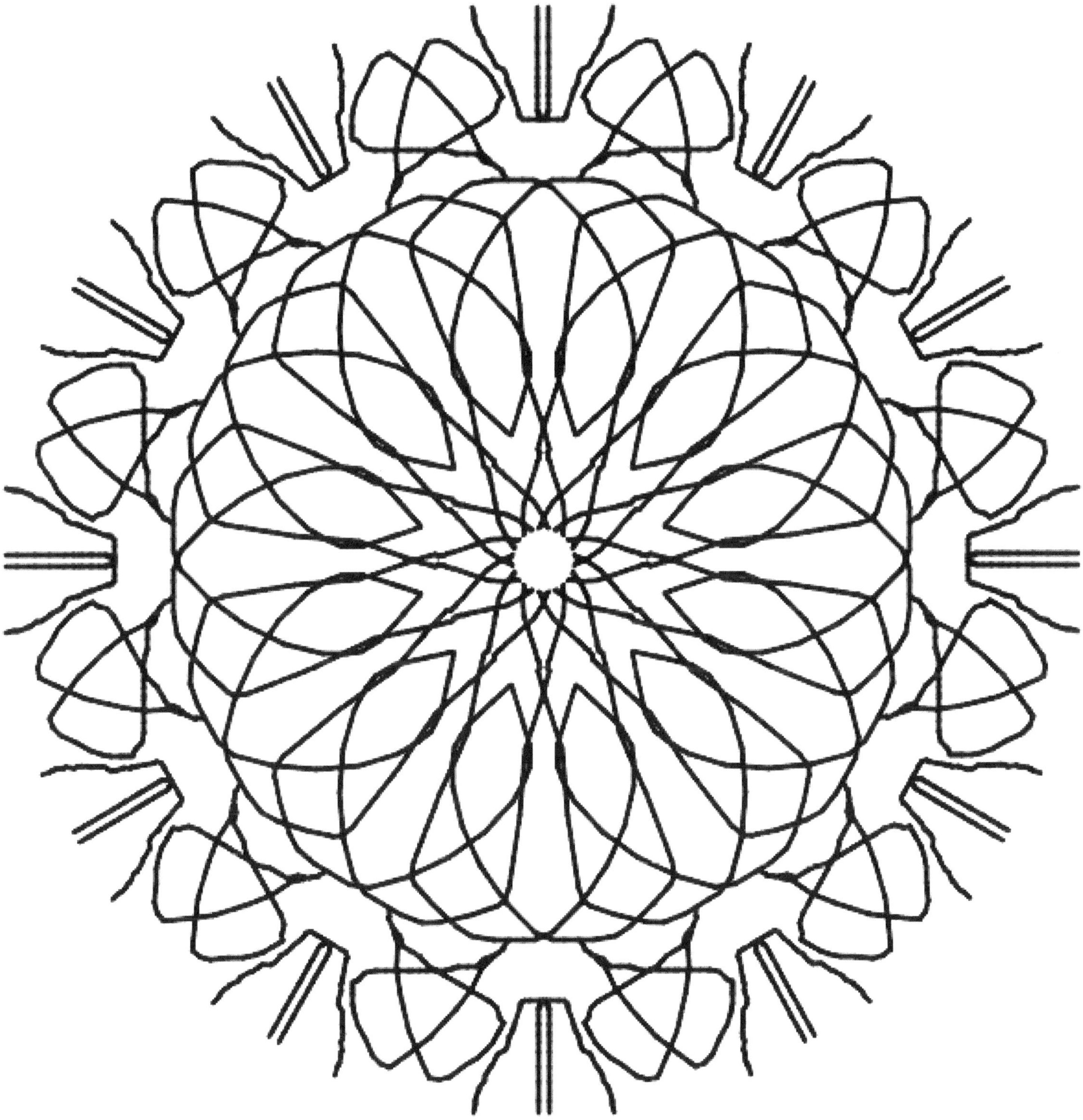

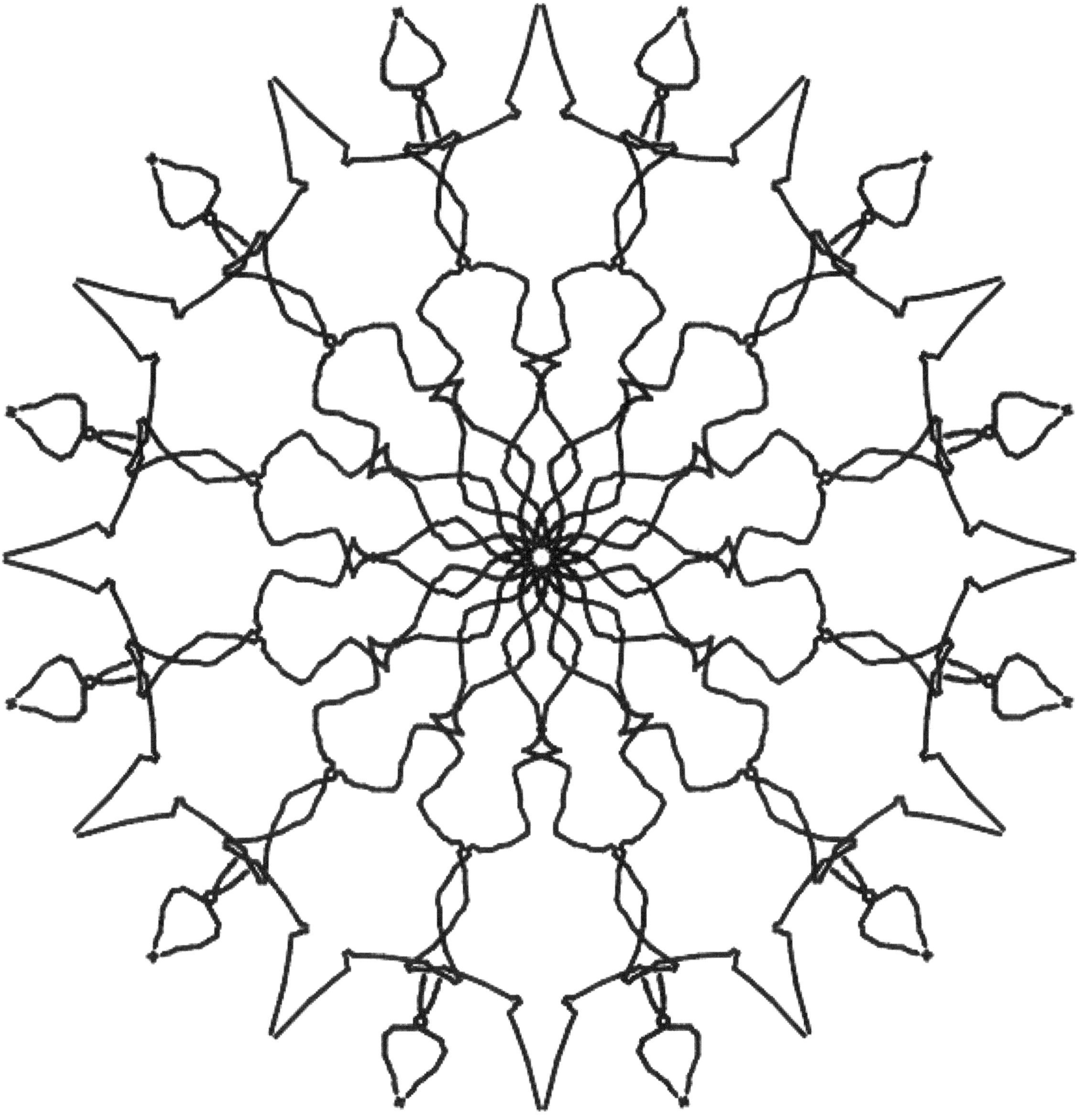

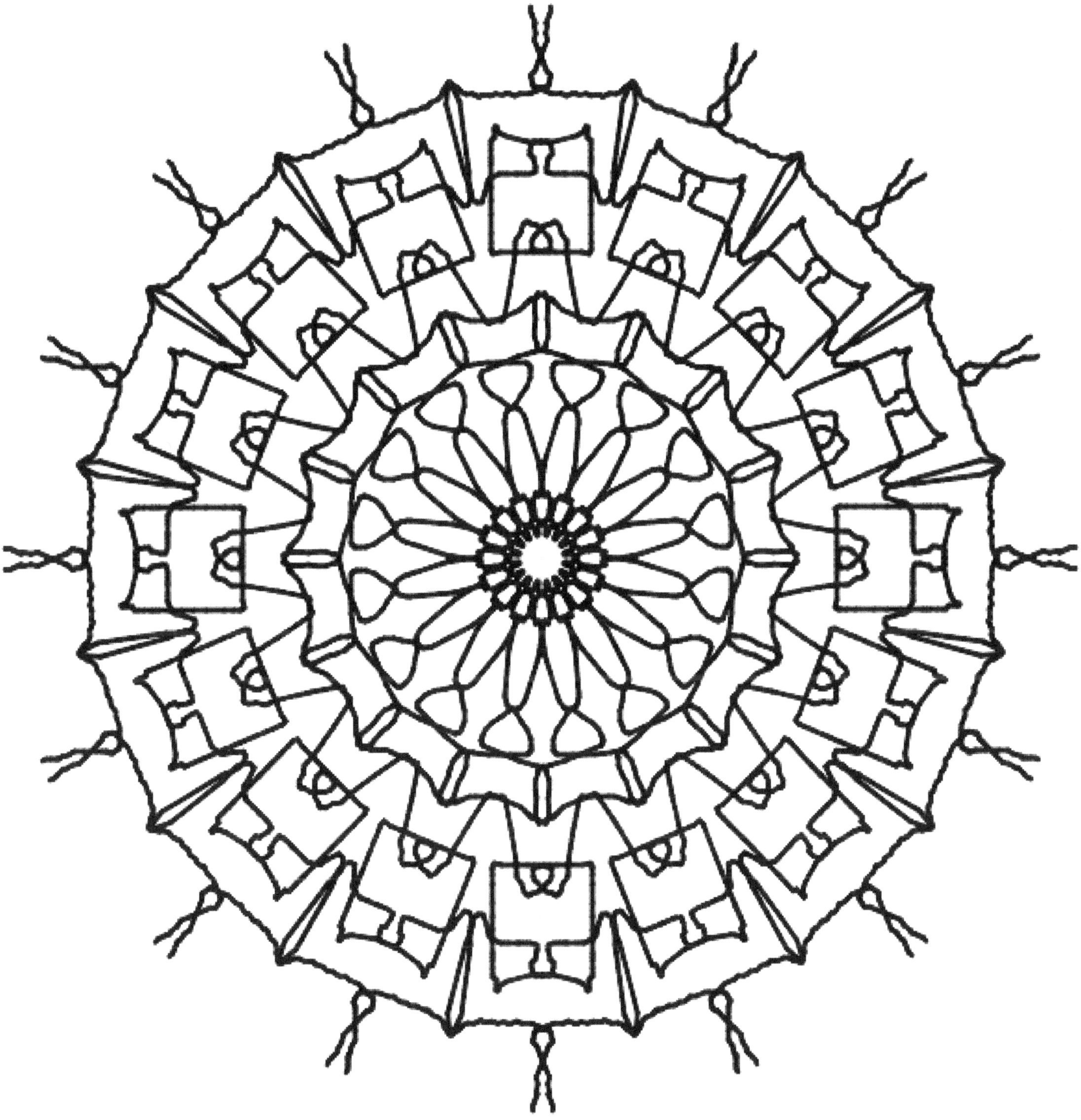

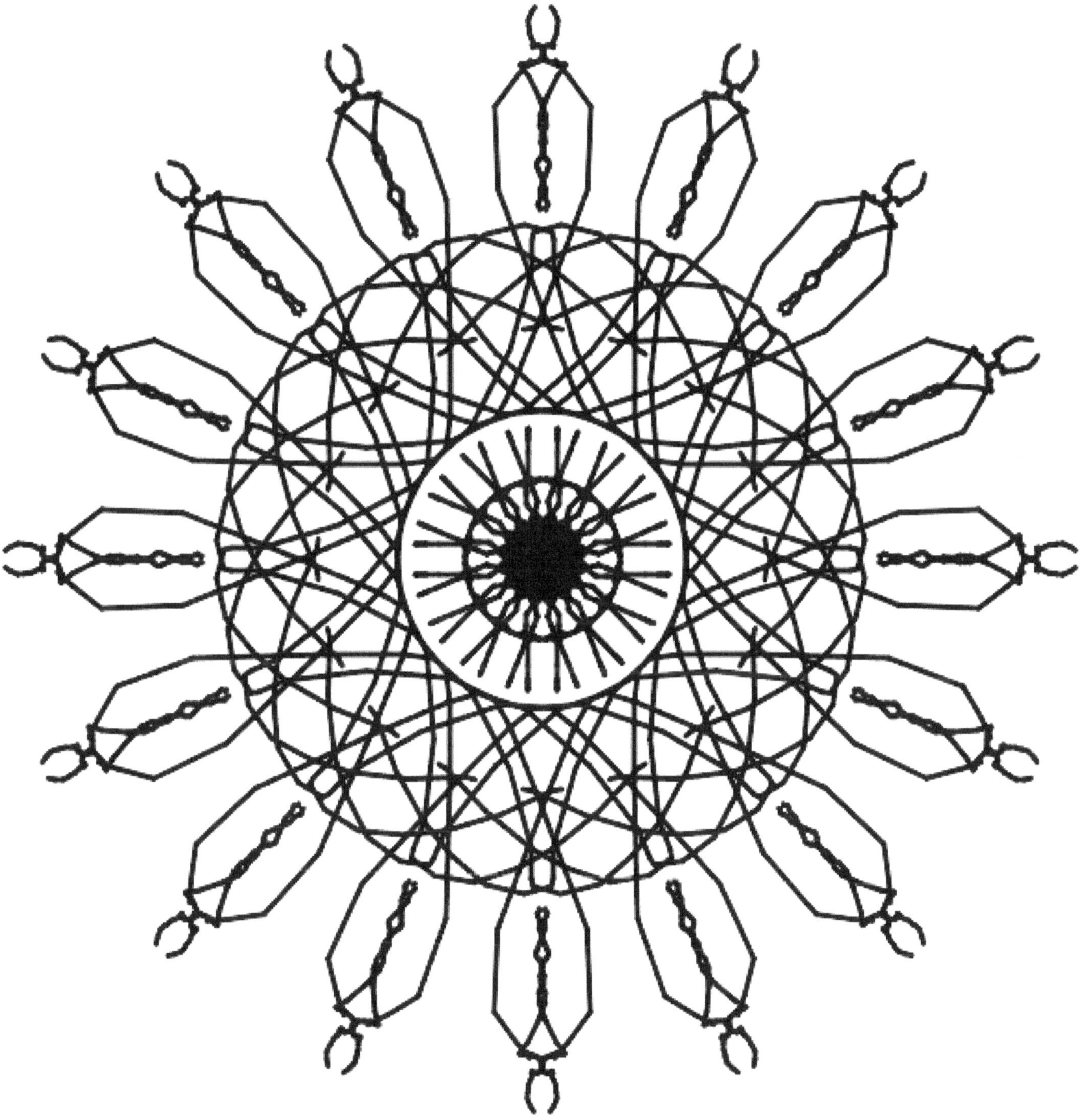

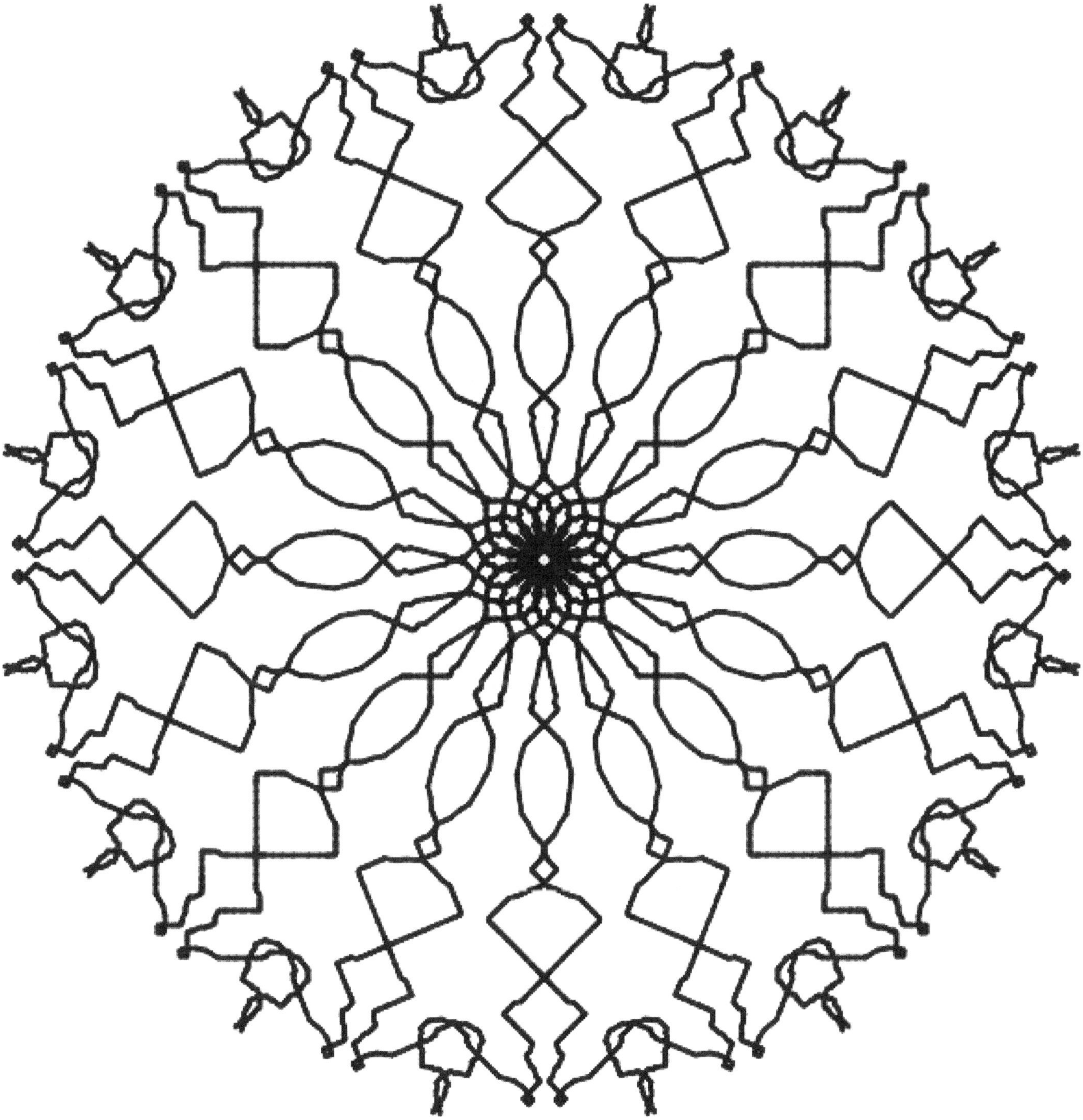

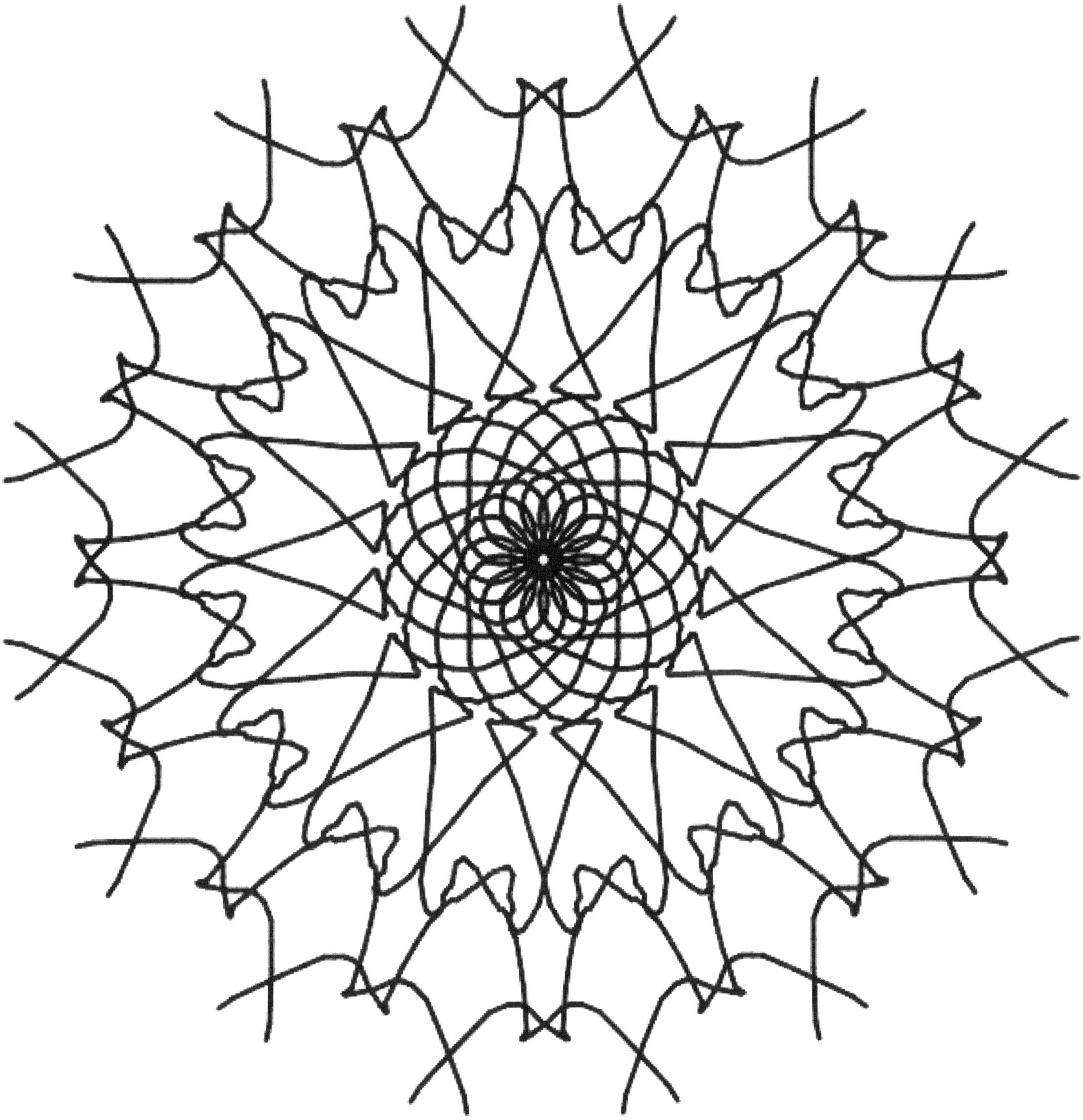

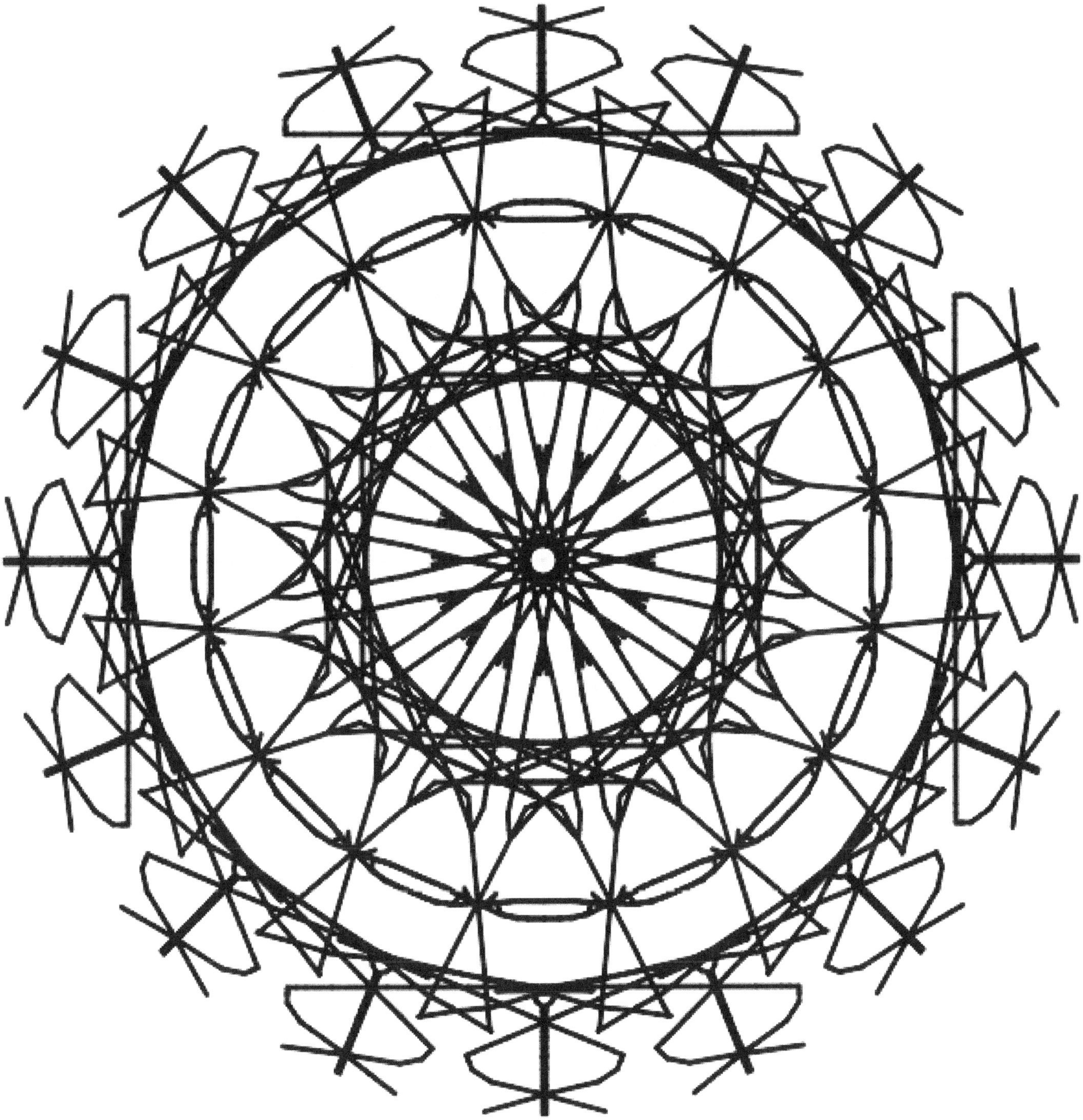

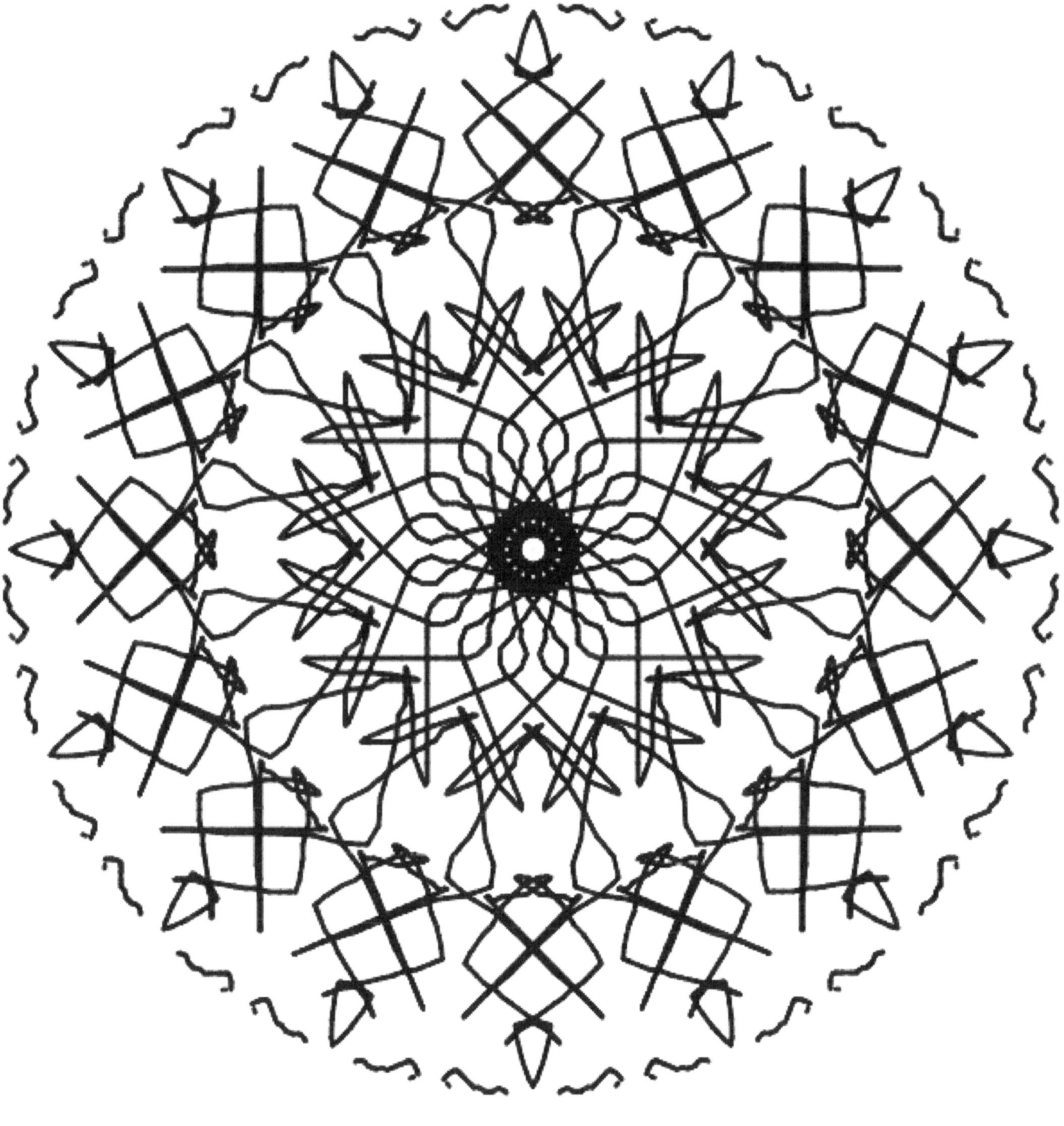

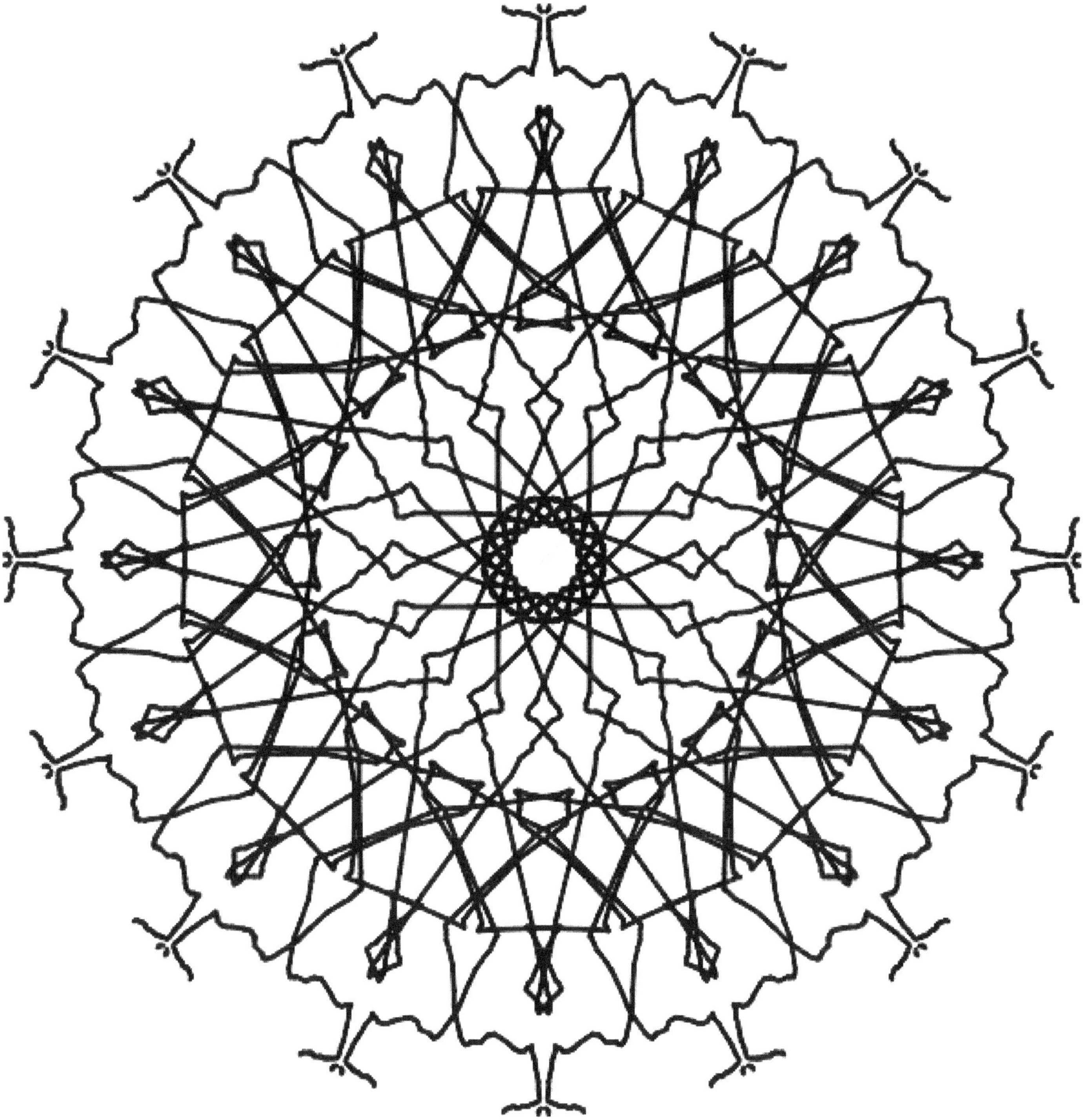

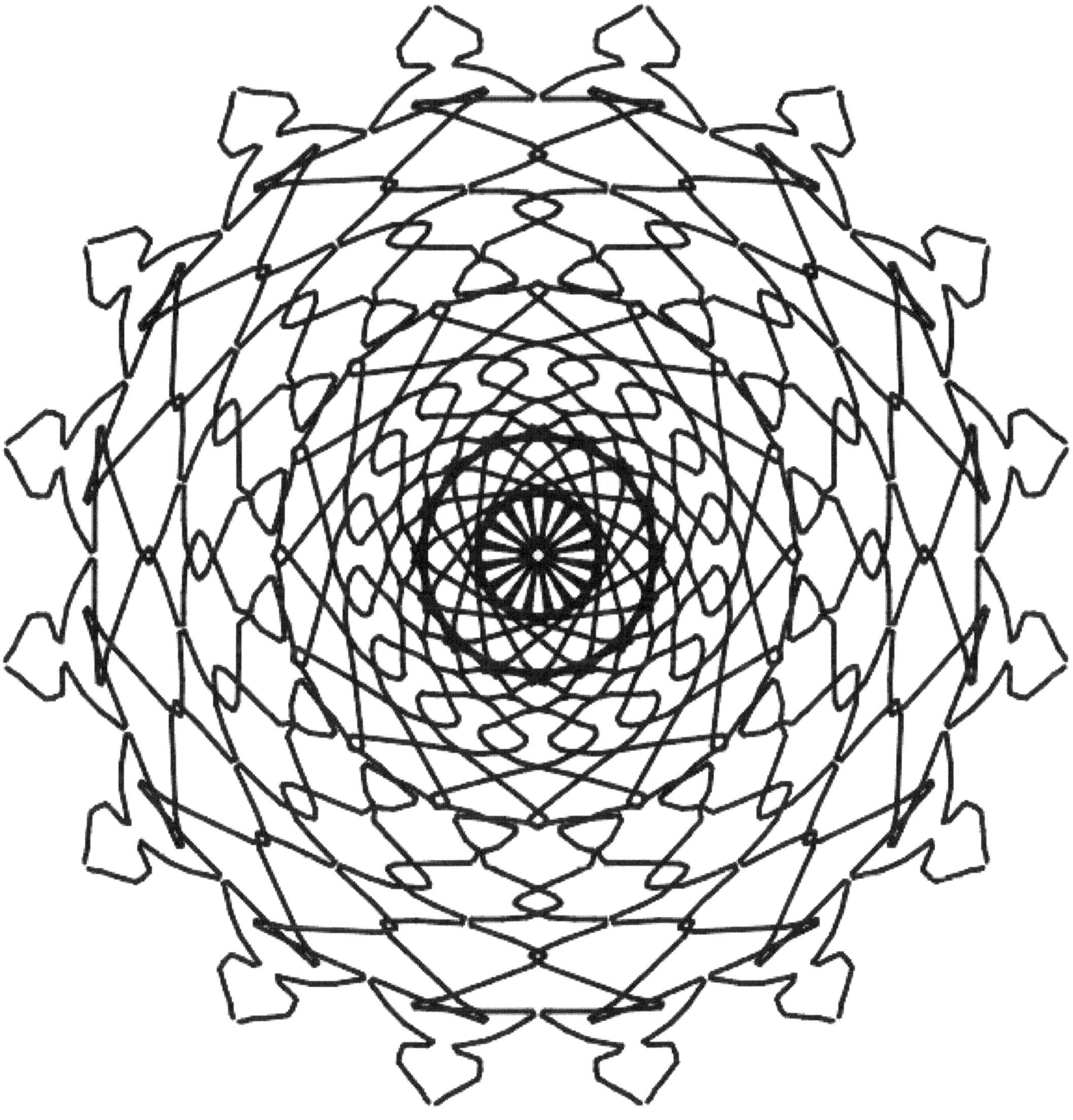

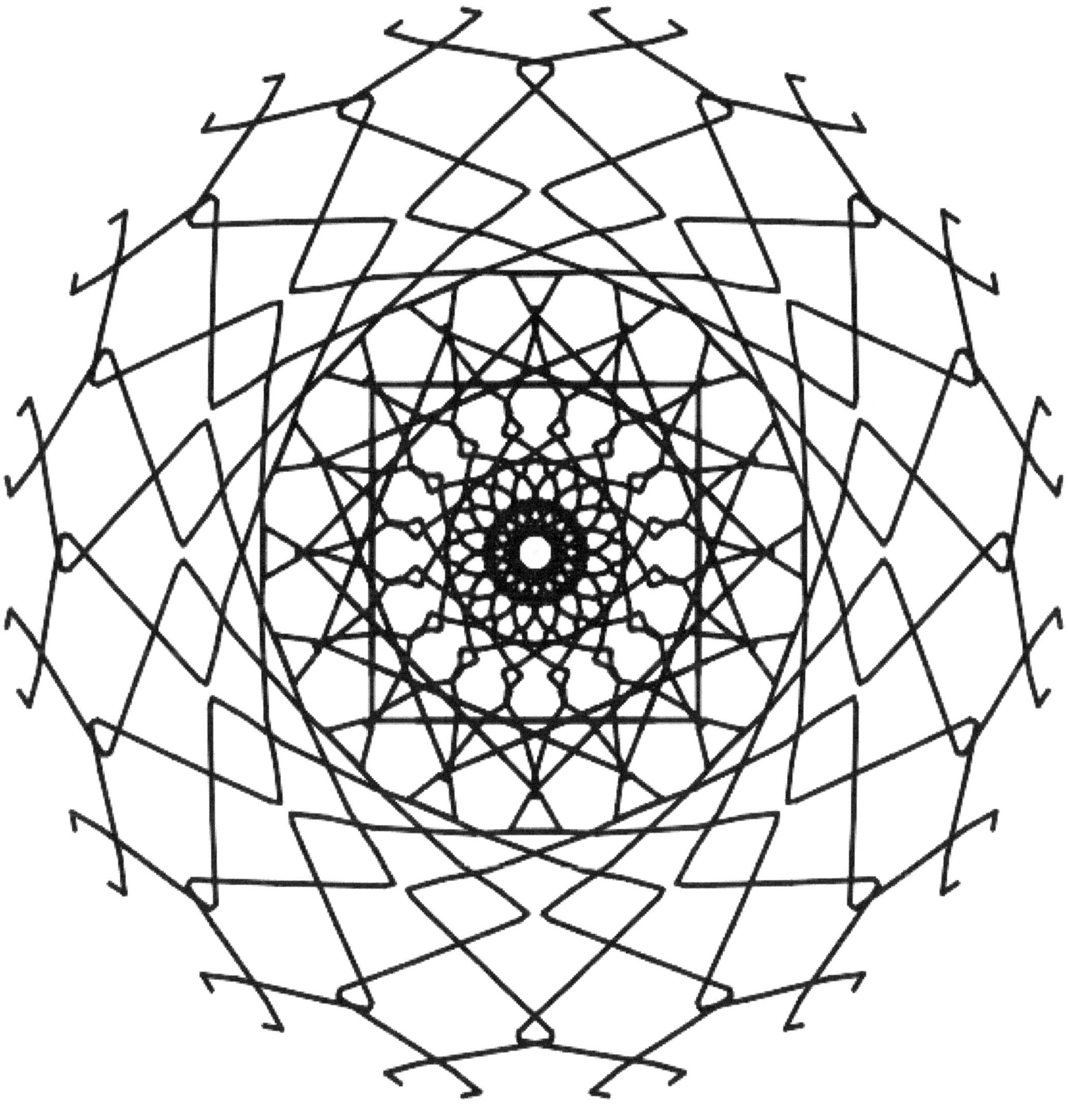

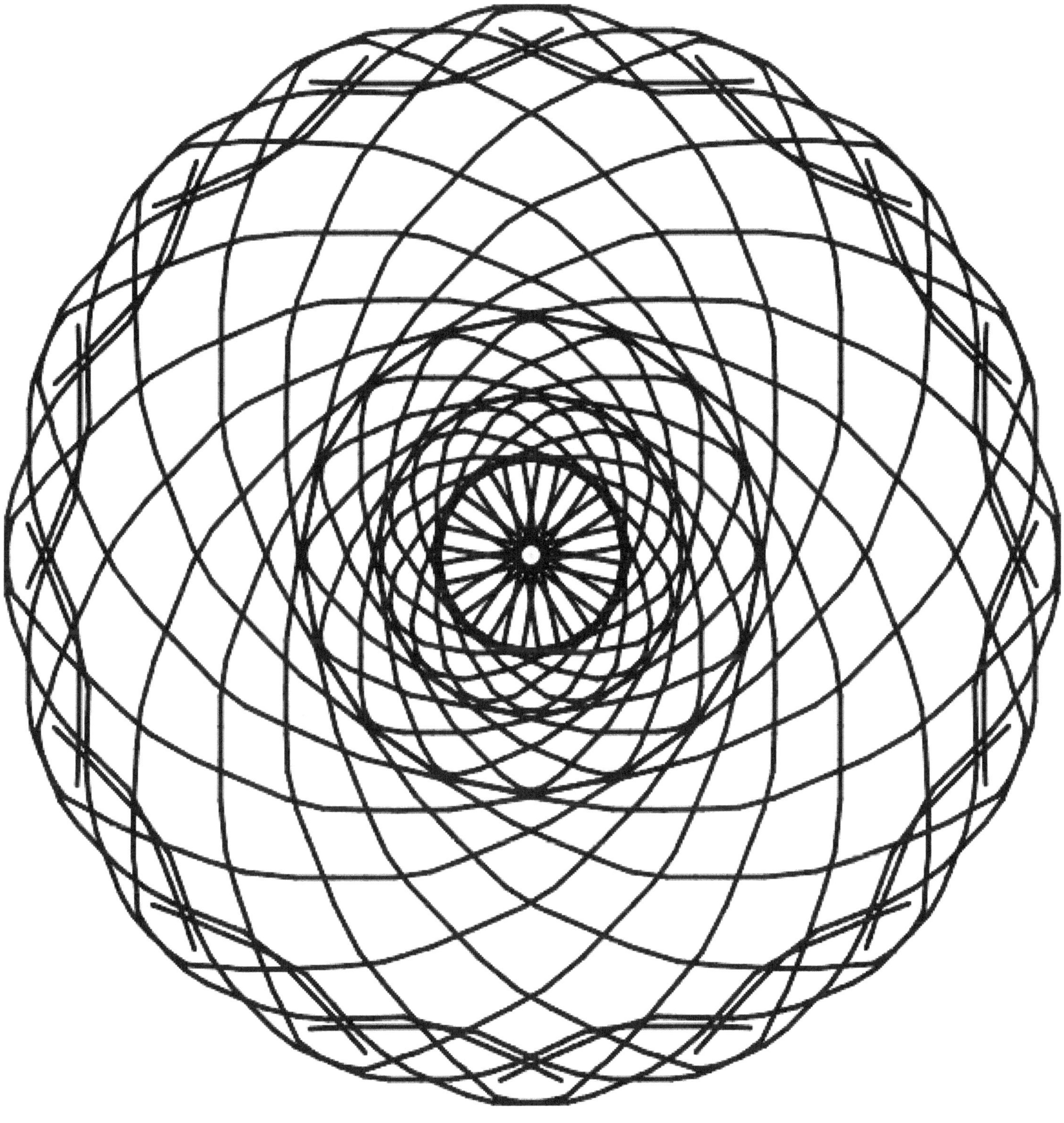

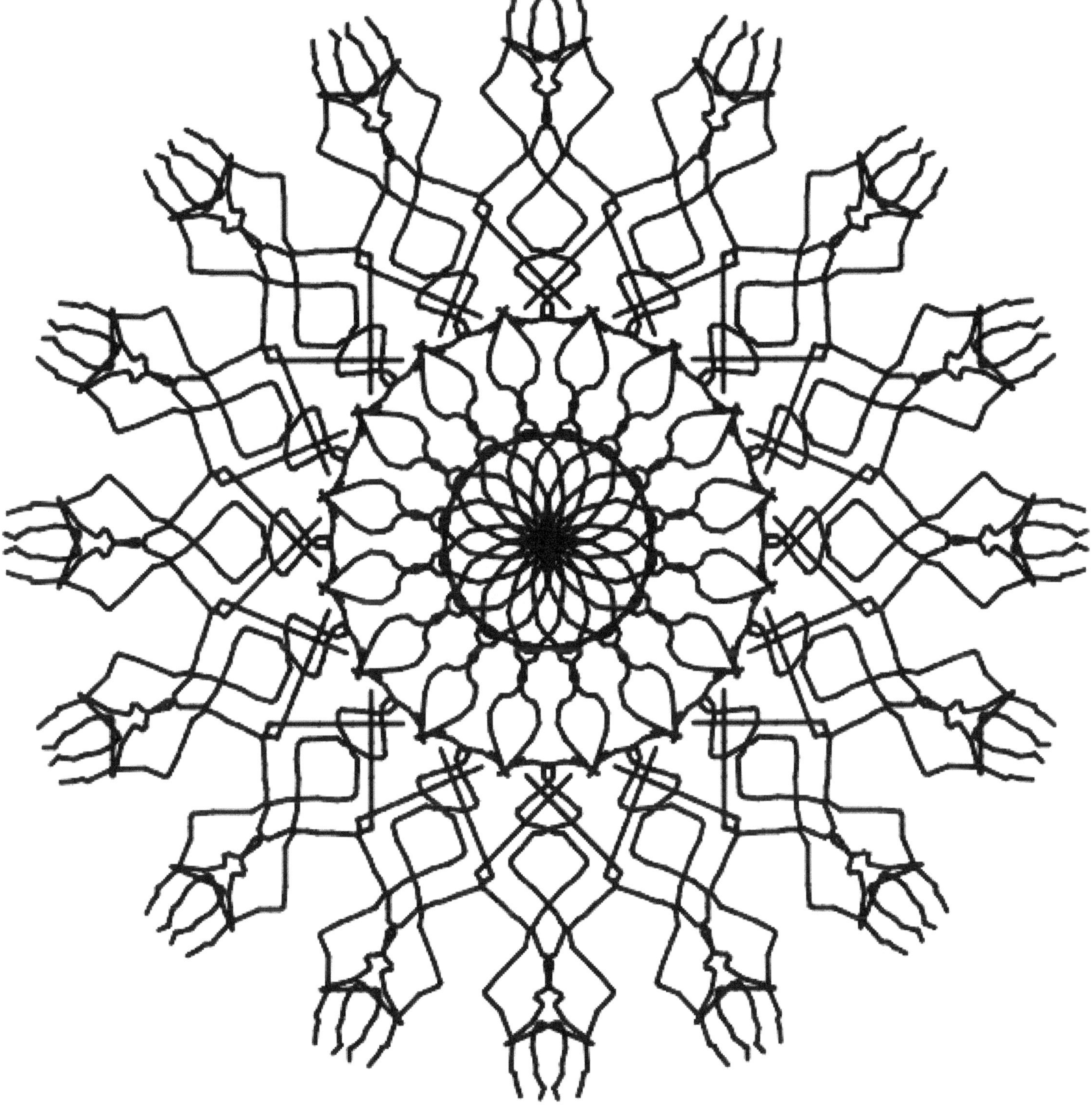

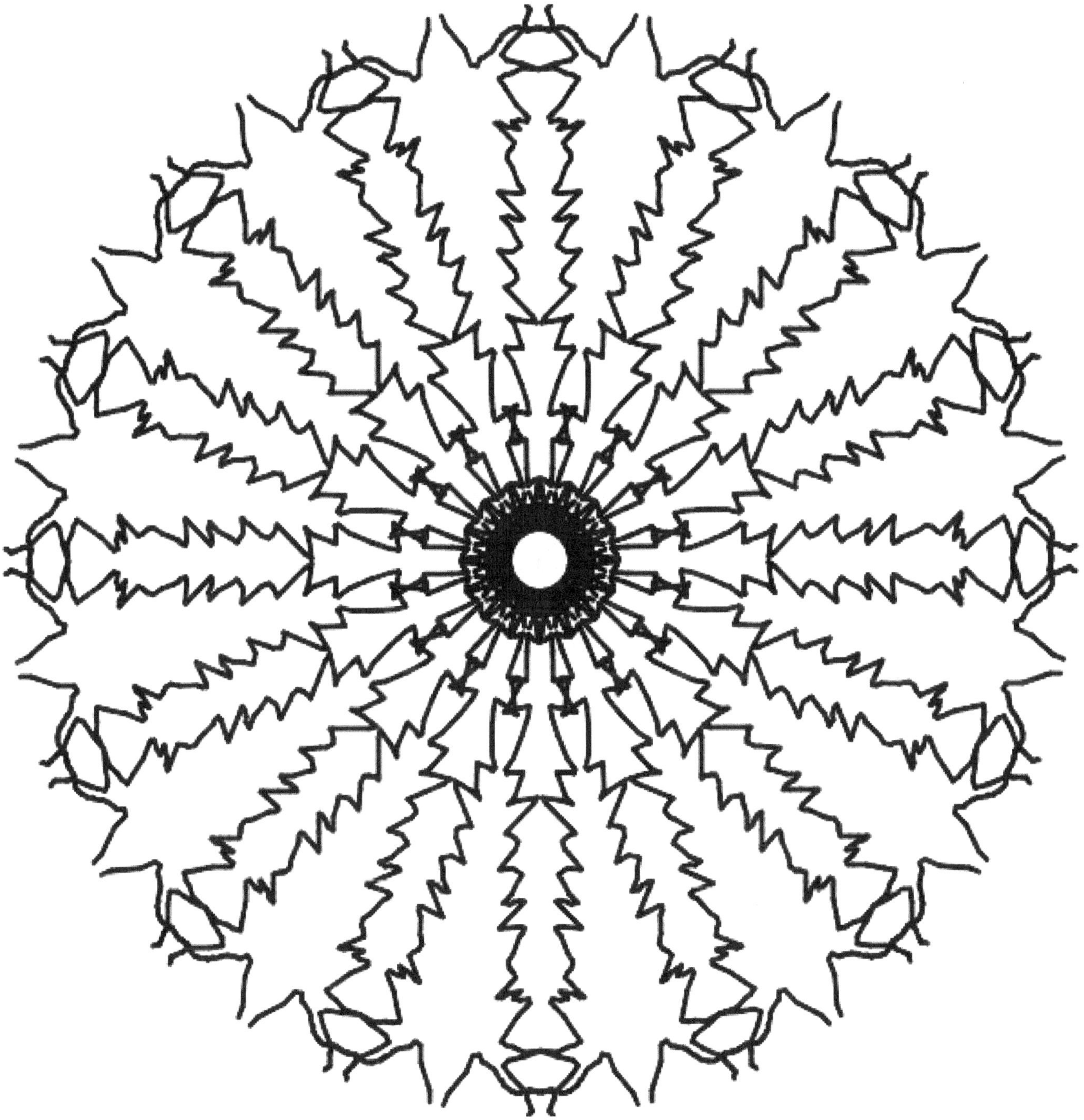

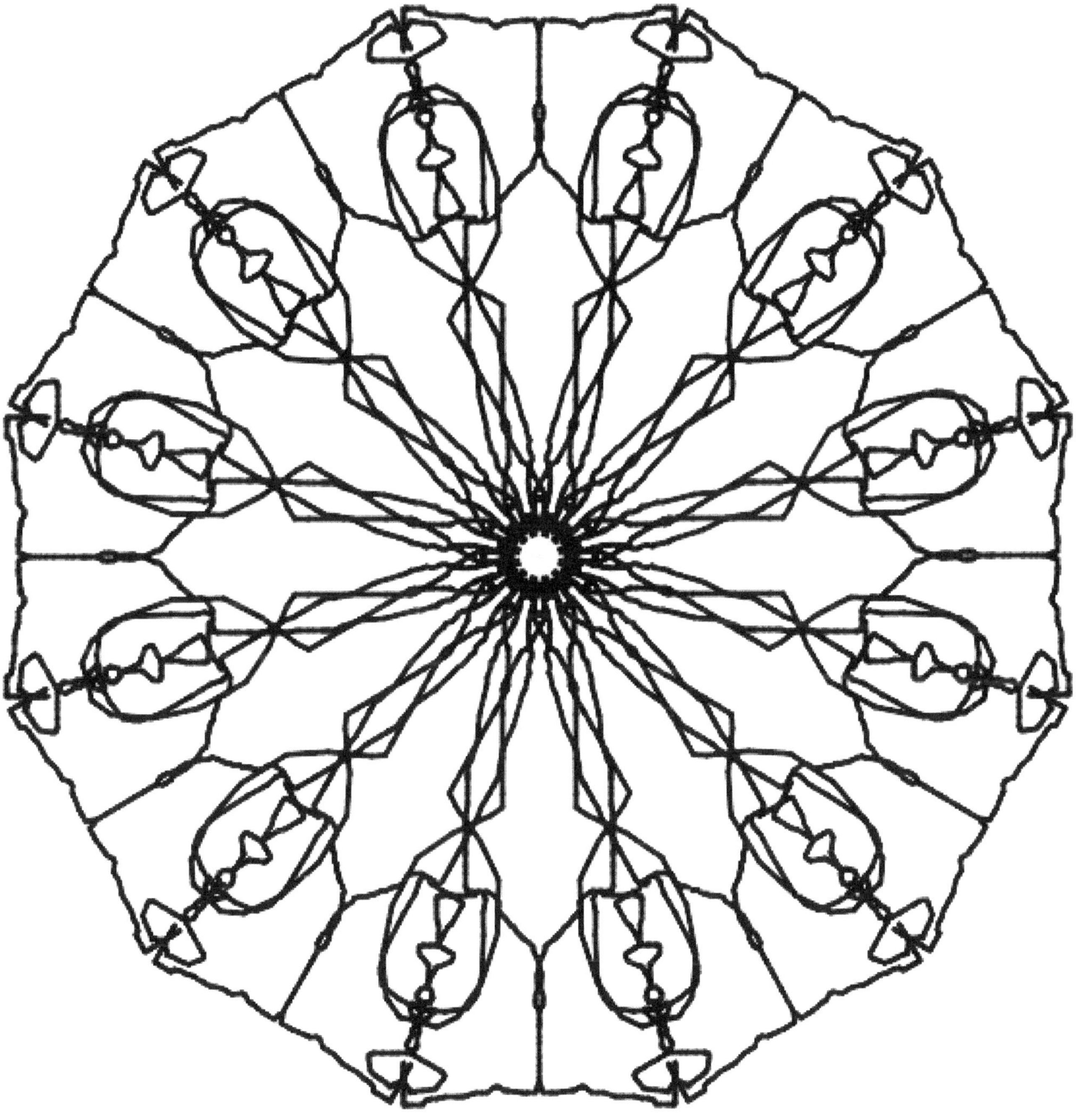

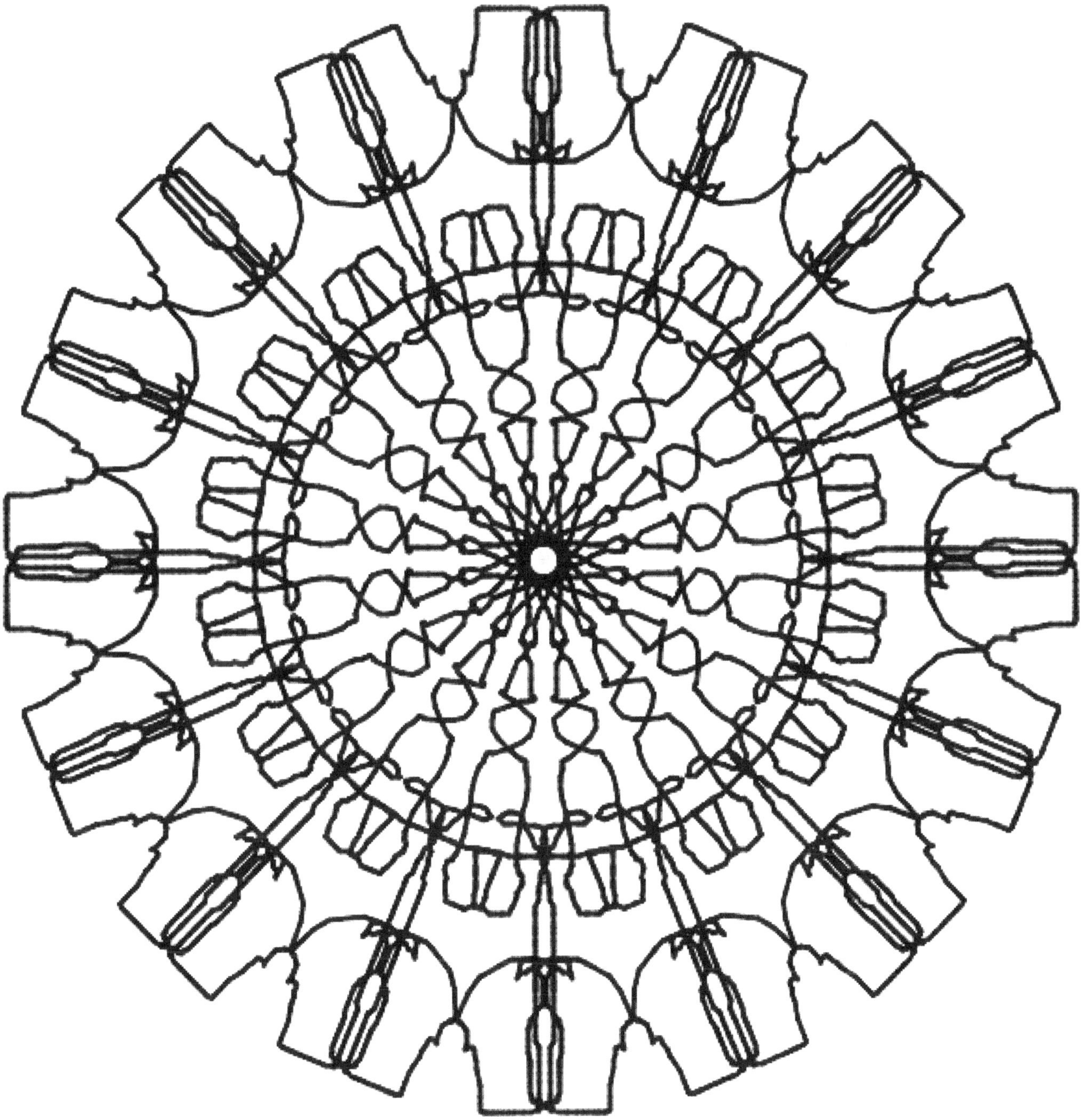

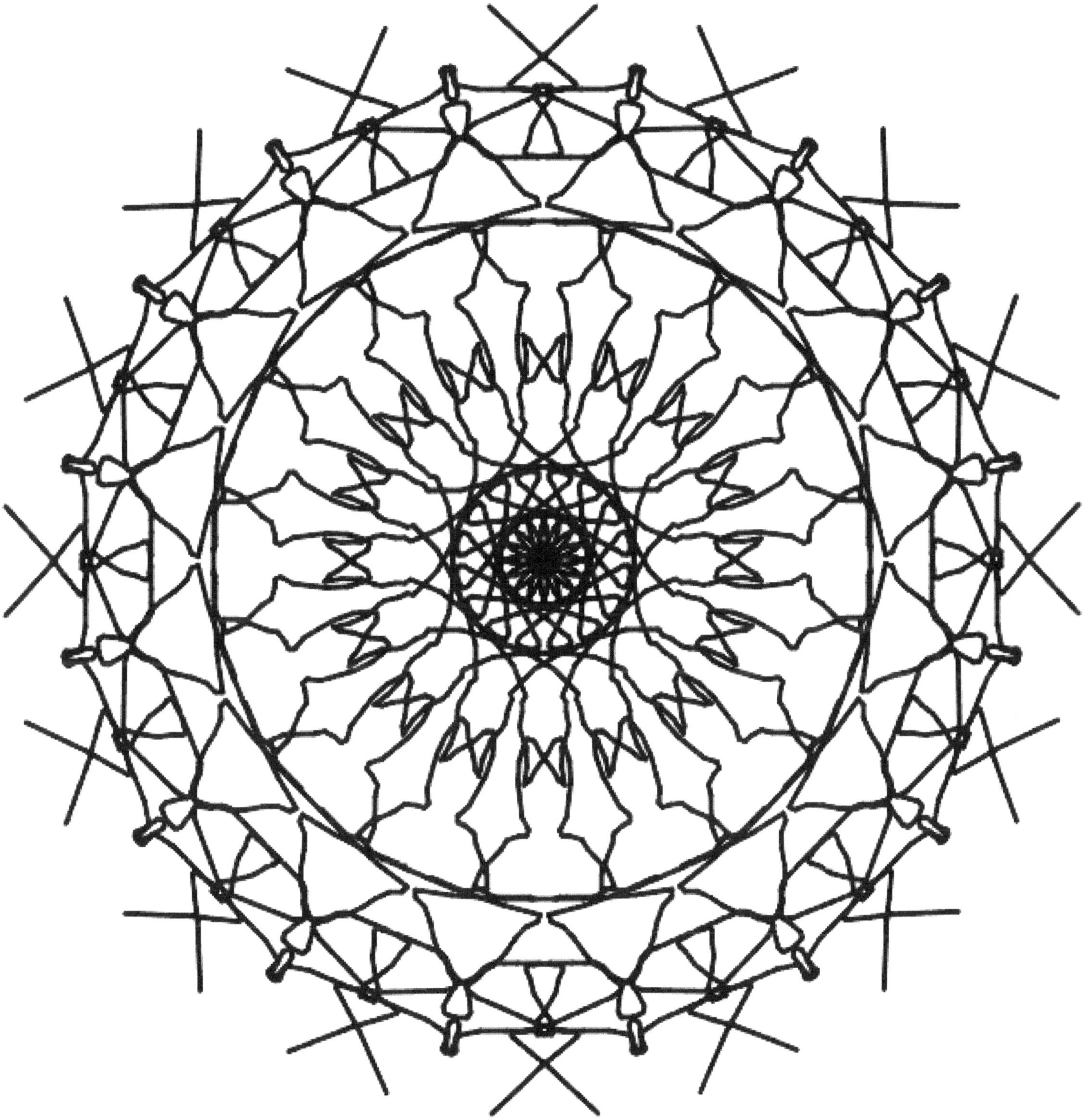

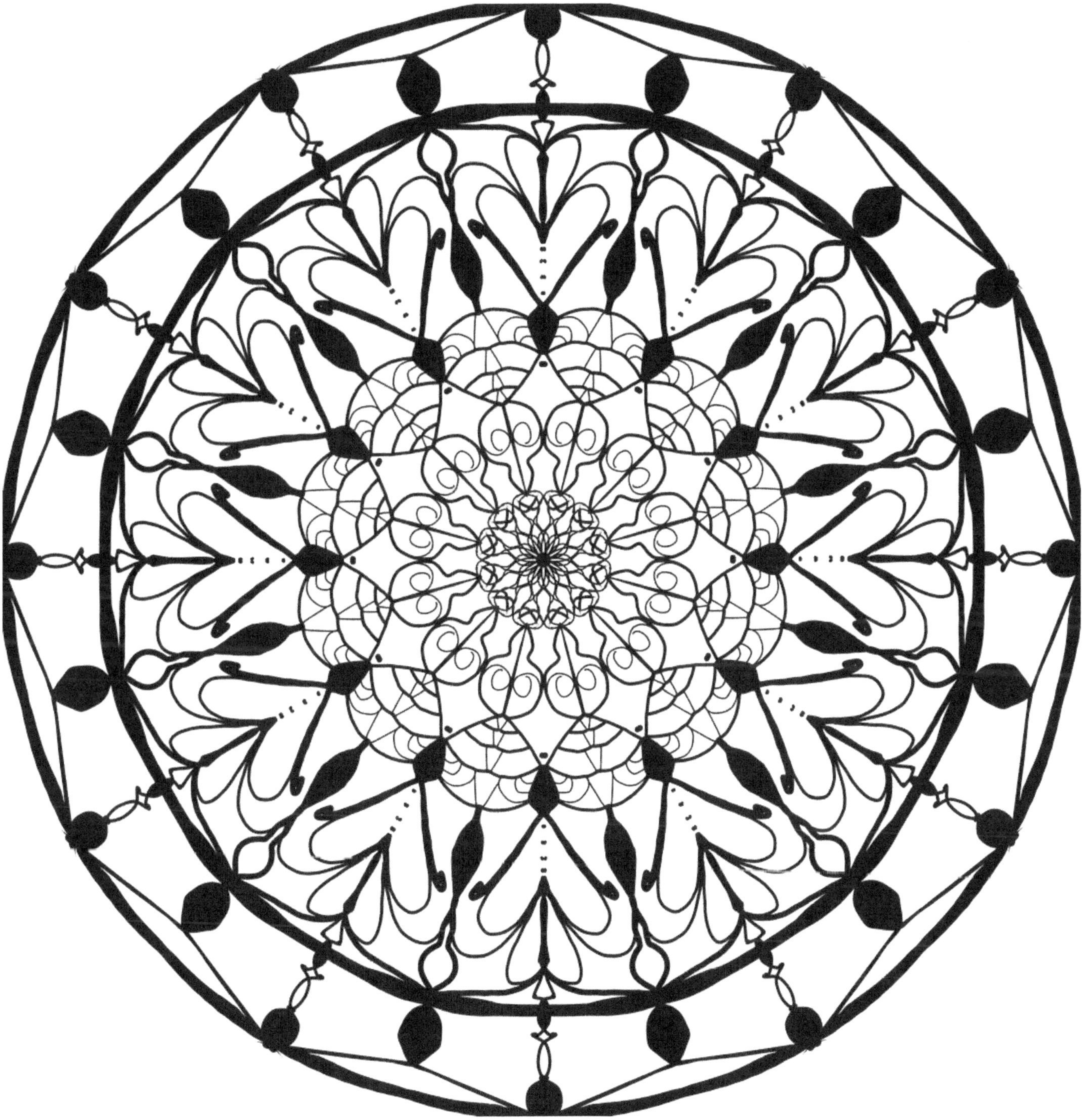

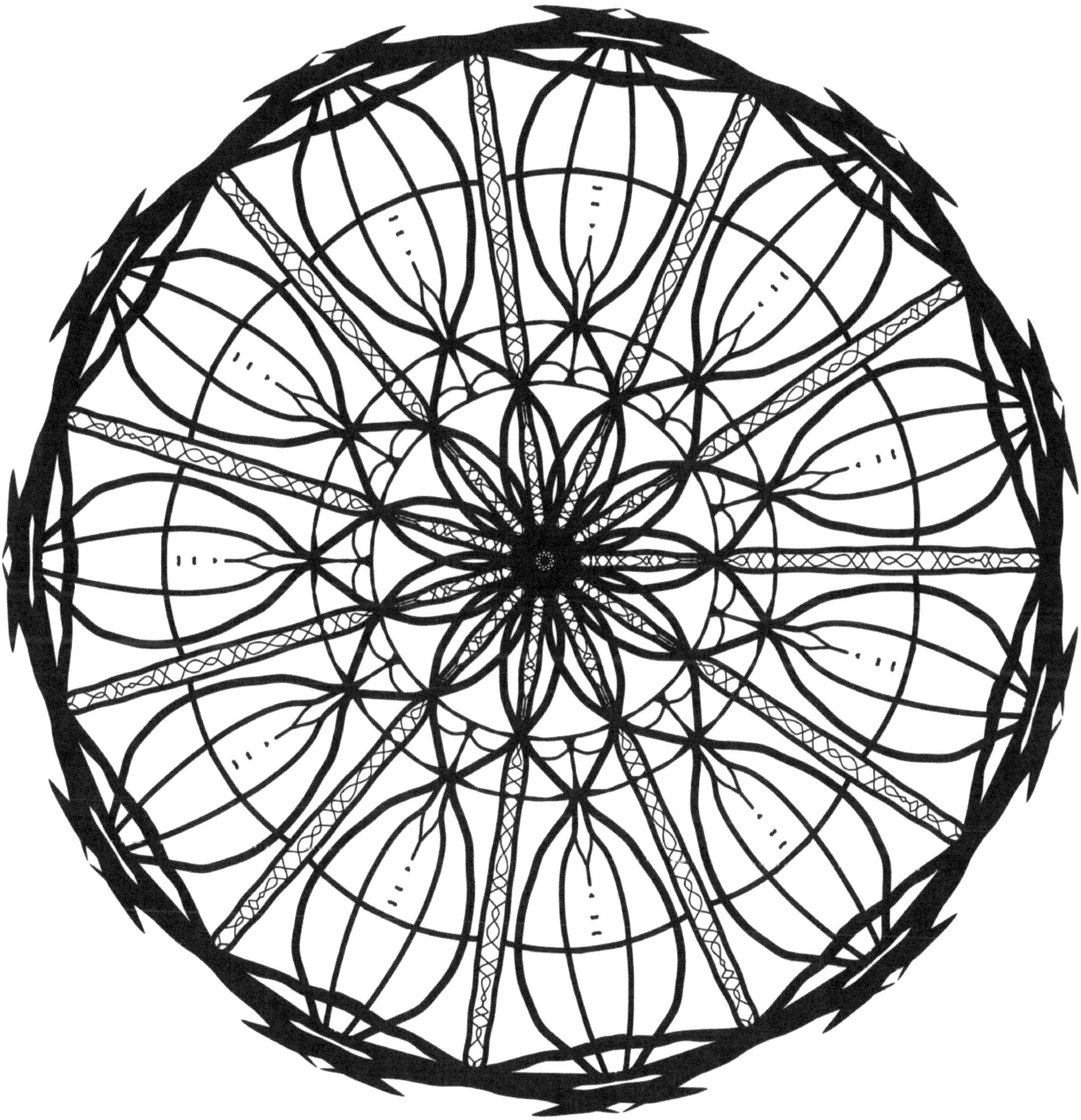

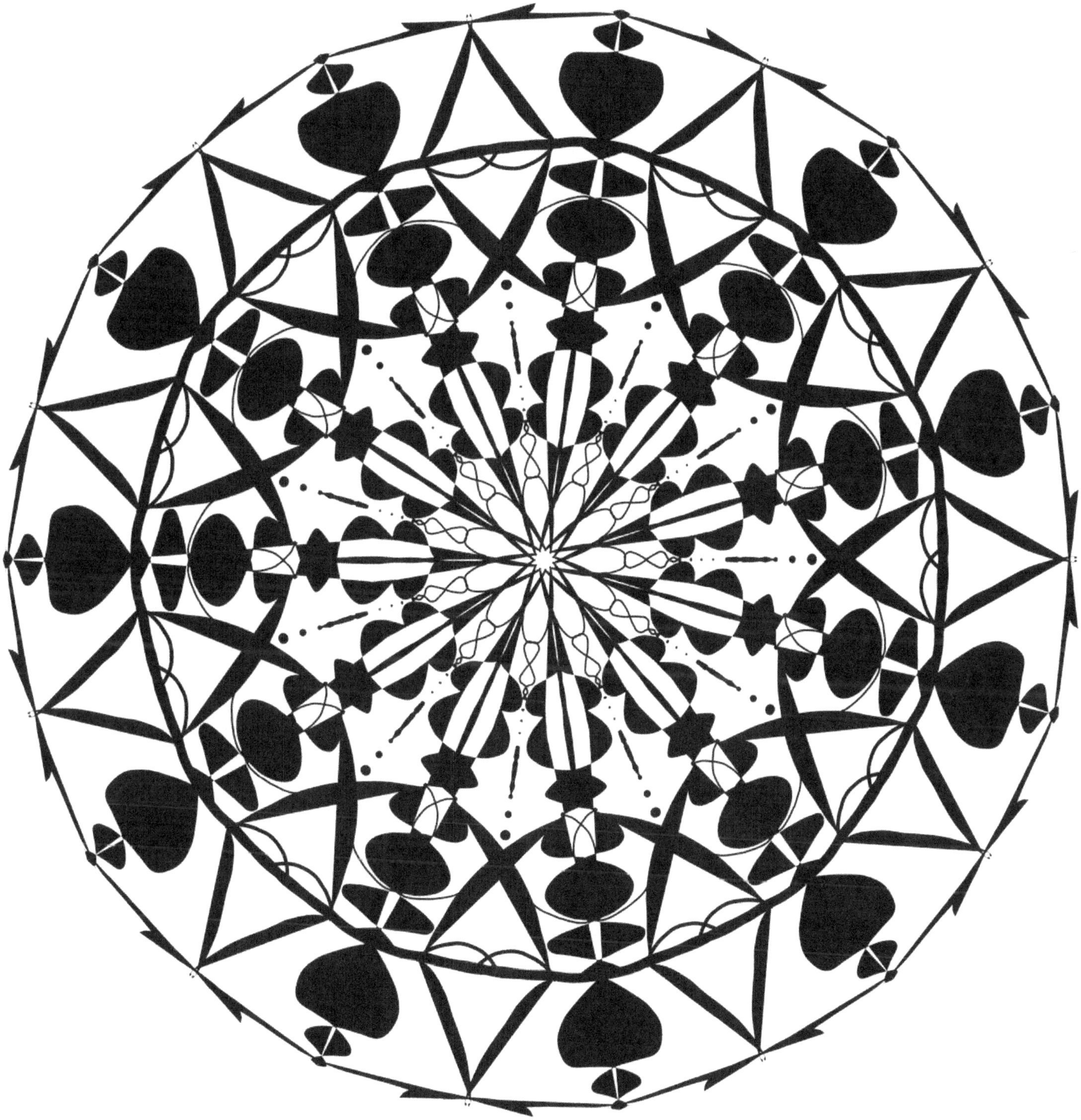

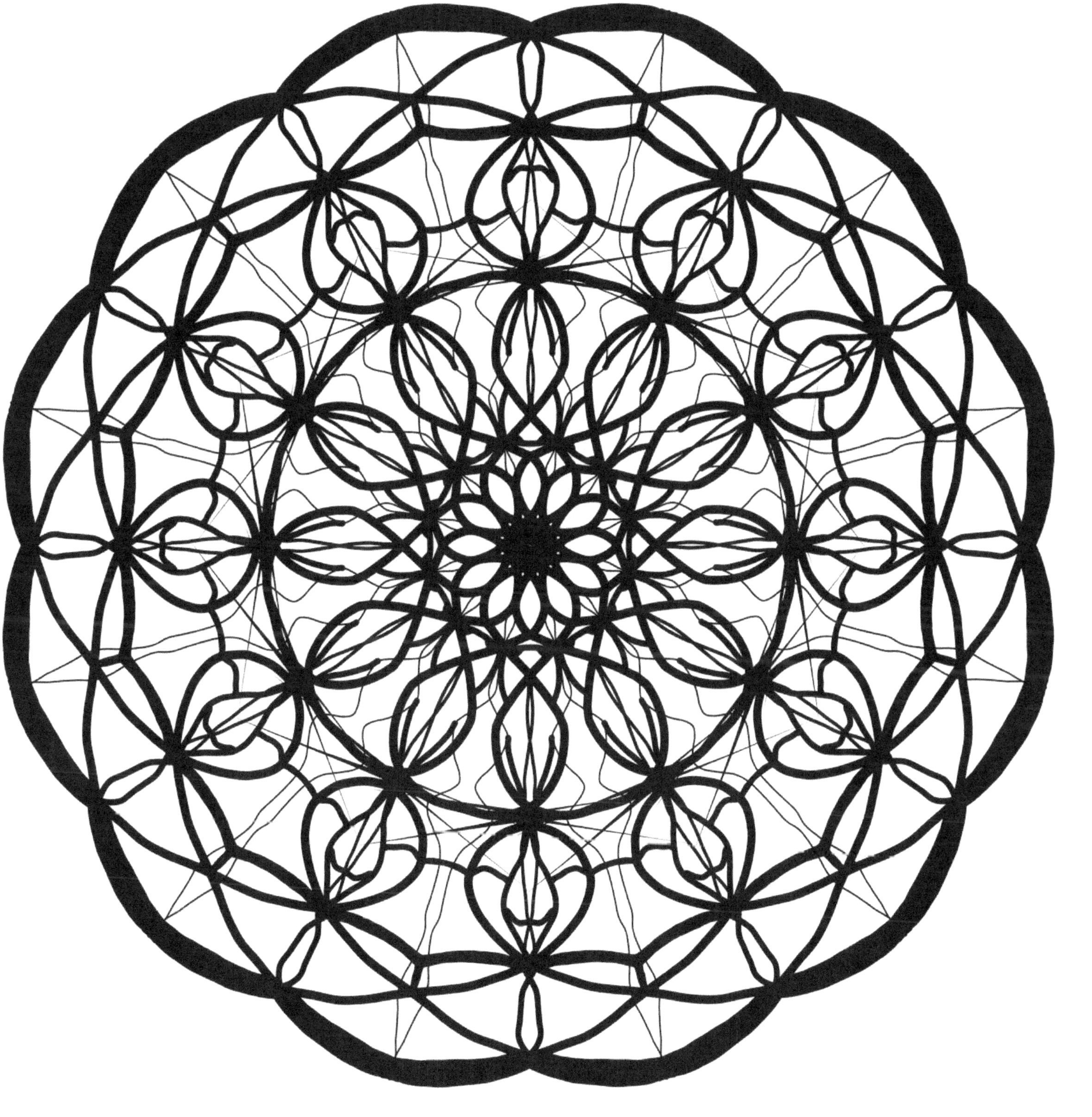

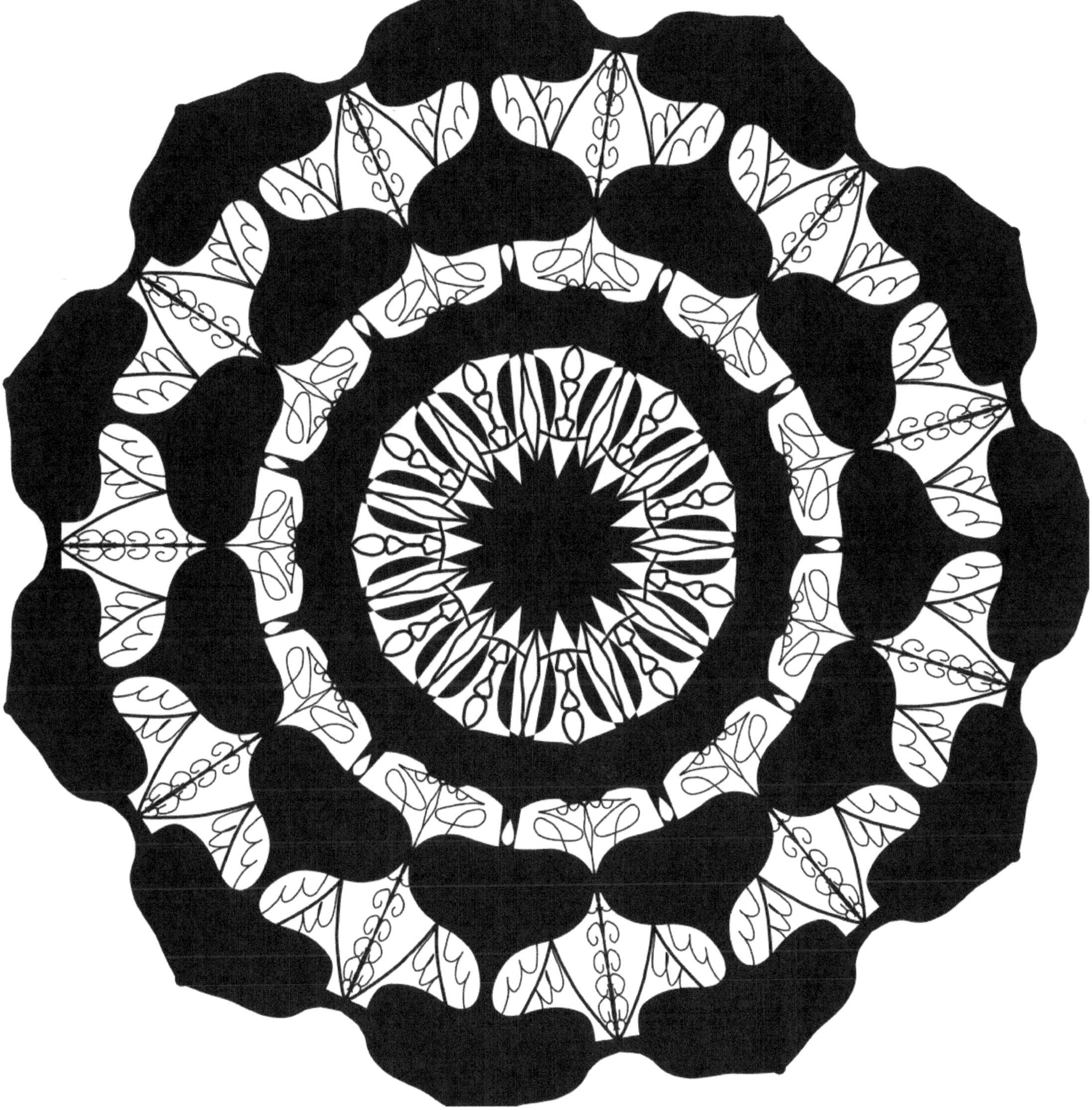

www.ingramcontent.com/pod-product-compliance
Lightning Source LLC
Chambersburg PA
CBHW062223220526
45471CB00009B/3316
* 9 7 9 8 3 3 8 0 1 5 8 3 4 *